Schriften des Betriebs-Beraters
Band 72

Einzelhandel und Baunutzungsverordnung

herausgegeben von

Professor Dr. Erwin Dichtl

und

Professor Dr. Wolf-Rüdiger Schenke

Mannheim

Mit Beiträgen von

Hans Christian Bremme, Erwin Dichtl,
Karl Gleisberg und Wolf-Rüdiger Schenke

Verlag Recht und Wirtschaft GmbH · Heidelberg

CIP-Titelaufnahme der Deutschen Bibliothek

Einzelhandel und Baunutzungsverordnung / hrsg. von Erwin Dichtl u. Wolf-Rüdiger Schenke. Mit Beitr. von Hans Christian Bremme ... – Heidelberg : Verl. Recht u. Wirtschaft, 1988

(Schriften des Betriebs-Beraters ; Bd. 72)
ISBN 3-8005-6799-7

NE: Dichl, Erwin [Hrsg.]; Bremme, Hans Christian [Mitverf.]; GT

ISBN 3-8005-6799-7

Satz: Lichtsatz Michael Glaese GmbH, 6944 Hemsbach

Druck und Verarbeitung: Wilhelm & Adam Werbe- und Verlagsdruck GmbH, 6065 Heusenstamm

Umschlaggestaltung: Atelier Warminski, 6470 Büdingen

Printed in Germany

Vorwort

„Einzelhandel und Baunutzungsverordnung" bildete das Generalthema eines von uns am 14. Oktober 1987 in Mannheim durchgeführten Symposiums. Das große Interesse, das diese Veranstaltung hervorrief, bewies deutlich, daß hier eine Problematik angesprochen wurde, der erhebliche praktische Bedeutung zukommt. Obgleich es sich bei der Baunutzungsverordnung um eine primär städtebaulichen Zielsetzungen dienende Normierung handelt, ergeben sich aus ihr, insbesondere, was ihre Regelungen über die Ansiedlung großflächiger Betriebe des Einzelhandels angeht, gravierende, wirtschaftspolitisch bedeutsame Auswirkungen sowohl für den Einzelhandel als auch für die Verbraucher.

Die Beurteilung dieser Auswirkungen fällt dabei, je nachdem, aus welchem Blickwinkel sie vorgenommen wird, naturgemäß unterschiedlich aus. Vereinfacht und zugespitzt formuliert kollidieren hier – auf den ökonomischen Kern reduziert – Interessen der mittelständischen Wirtschaft mit jenen des Verbrauchers an einem durch größere Betriebseinheiten ermöglichten preigünstigen und weitgefächerten Warenangebot. Während freilich die mittelständische Wirtschaft über eine starke Lobby verfügt, der es in den letzten zwei Jahrzehnten gelang, auf eine zunehmende Verschärfung der Zulassungsvoraussetzungen für großflächige Betriebe des Einzelhandels hinzuwirken, drohen legitime Interessen der Konsumenten bei einer städtebaulich begründeten Einschränkung des Wettbewerbs mangels anderweitig bestehender Artikulationsmöglichkeiten des Verbrauchers leicht ins Hintertreffen zu geraten.

In den folgenden Beiträgen wird zunächst versucht, die sehr unübersichtliche Rechtslage darzustellen, wie sie sich heute für denjenigen darbietet, der die Errichtung eines großflächigen Betriebs des Einzelhandels plant. Die rechtliche Beurteilung eines entsprechenden Projekts soll dabei durch ein Prüfungsschema erleichtert werden, das in komprimierter Form über die hier relevanten Gesichtspunkte informiert. Bei den den angesprochenen Fragen gewidmeten Rechtsausführungen wurde besonderer Wert darauf gelegt, durch entsprechende Beiträge die sich hier stellenden Probleme speziell aus der

Sicht der verwaltungsbehördlichen Praxis ebenso wie aus der Perspektive eines Handelsunternehmens aufzuzeigen.

Den Abschluß des Buches bildet ein Referat über die Ansiedlung von großflächigen Betrieben des Einzelhandels im Spannungsfeld von Mittelstands- und Verbraucherpolitik, in welchem die ökonomischen Konsequenzen der planungsrechtlich motivierten gesetzlichen Regelungen, wie wir sie in der BauNVO vorfinden, analysiert werden.

Mannheim, im Februar 1988

Die Herausgeber

Inhaltsverzeichnis

A. Rechtliche Probleme der Ansiedlung von großflächigen Betrieben des Einzelhandels

Wolf-Rüdiger Schenke, Mannheim

I. Einführung in die Problematik

1. Allgemeines

Der rechtlichen Problematik der Ansiedlung von großflächigen Betrieben des Einzelhandels[1] wird schon seit über zwei Jahrzehnten in Literatur und Rechtsprechung, aber auch in der Gesetzgebung, besondere Aufmerksamkeit geschenkt[2]. Nichts beweist dies deutlicher als der Umstand, daß in den letzten zwei Jahrzehnten eine der hier maßgeblichen Vorschriften, nämlich die des § 11 BauNVO, nicht weniger als drei einschneidende Änderungen erfahren hat, zuletzt im Jahre 1986. Sieht man sich die Stellungnahmen in der Literatur[3] zu dieser letzten Änderung an, so ist zu vermuten, daß auch sie nicht das letzte Wort des Gesetzgebers bedeuten dürfte.

Anlaß für die gesetzgeberischen Aktivitäten bildete die schon seit langem feststellbare Tendenz, aus betriebswirtschaftlichen Gründen, aber auch im Hinblick auf ein geändertes Verbraucherverhalten, größere Einzelhandelsbetriebe in Misch-, Gewerbe- und Industriegebie-

---

1 Unter großflächigen Betrieben des Einzelhandels sollen hier „großflächige Einzelhandelsbetriebe" (§ 11 Abs. 3 Nr. 2 BauNVO), im Hinblick auf den Verkauf an letzte Verbraucher vergleichbare „sonstige großflächige Handelsbetriebe" (§ 11 Abs. 3 Nr. 3 BauNVO) und Einkaufszentren (§ 11 Abs. 3 Nr. 1 BauNVO) verstanden werden.

2 Vgl. hierzu m. w. Nachw. eingehend schon früher *Schenke*, Die planungsrechtliche Problematik der Ansiedlung von größeren Einzelhandelsgeschäften und Einkaufszentren, UPR 1986 S. 281 ff.

3 Vgl. hierzu z. B. *Bosch*, Der großflächige Handelsbetrieb nach Änderung der Baunutzungsverordnung, BauR 1987 S. 247 (248).

ten zu etablieren. Kennzeichnend für diese Entwicklung ist etwa, daß die außer in Sondergebieten vornehmlich in den genannten Baugebieten situierten Verbrauchermärkte und Selbstbedienungswarenhäuser ihren Marktanteil von 0,6% im Jahre 1966 auf 11,8% im Jahre 1985 gesteigert haben[4]. Eine solche Ansiedlung in Misch-, Gewerbe- und Industriegebieten wirft freilich unter städtebaulichen wie auch unter raumordnerischen und landesplanerischen Gesichtspunkten besondere Probleme auf. Der Versuch, auf sie eine passende Antwort zu finden, muß dabei, obschon nicht primär ökonomisch motiviert, zwangsläufig erhebliche wirtschaftspolitische Auswirkungen haben. Sie betreffen nicht nur den Einzelhandelstreibenden selbst, sondern auch den Verbraucher.

Alle Versuche des Gesetzgebers zur Bewältigung dieser Problematik sind dabei dadurch gekennzeichnet, daß sie mit elastischen, sog. unbestimmten Rechtsbegriffen arbeiten. Sie sollen eine flexible Anpassung an veränderte wirtschaftliche und städtebauliche Verhältnisse ermöglichen. In der Logik einer solchen durch den modernen Gesetzgeber häufig verwandten Gesetzestechnik liegt es freilich begründet, daß der Literatur und der Rechtsprechung eine sehr bedeutsame Aufgabe bei der Konkretisierung von unbestimmten Rechtsbegriffen, wie z. B. jenem des „großflächigen Einzelhandelsbetriebs" oder des „Verbrauchermarkts" und dem Begriff von „nur unwesentlichen Auswirkungen", zukommen muß. Rechtsprechung und Lehre haben sich den hier bestehenden Herausforderungen gestellt. Freilich wurden die dabei gewonnenen Erkenntnisse nicht selten durch inzwischen erfolgte Novellierungen der BauNVO überholt, die ihrerseits wiederum einer neuen Konkretisierung bedurften. Selbst die neuesten, vom 22. 5. 1987 stammenden Grundsatzentscheidungen des *BVerwG*[5] zur Zulässigkeit „großflächiger Einzelhandelsbetriebe" sind, wie im folgenden zu zeigen sein wird[6], in wesentlichen Punkten inzwischen durch das BauGB obsolet geworden.

---

4 *Bundesarbeitsgemeinschaft der Mittel und Großbetriebe des Einzelhandels* (Hrsg.), Standortfragen des Handels, 3. Aufl. 1986, zit. nach *Bröll*, Baurechtliche Forderungen aus der Entwicklung der Einzelhandelsstruktur, ZfBR 1986 S. 271.

5 Vgl. BVerwG, ZfBR 1987 S. 251 ff.; ZfBR 1987 S. 254 ff.; ZfBR 1987 S. 256; ZfBR 1986 S. 257 f.

6 Das trifft insbesondere für die Entscheidung *BVerwG*, ZfBR 1987 S. 257 f. zu.

Betrachtet man den Rechtszustand, wie er sich heute darstellt, so läßt sich feststellen, daß dieser durch eine große Unübersichtlichkeit gekennzeichnet ist. Das hängt schon damit zusammen, daß die Beurteilung der Ansiedlung großflächiger Betriebe des Einzelhandels nicht nur davon abhängt, ob für den vorgesehenen Standort ein Bebauungsplan vorliegt und gegebenenfalls welchen Gebietscharakter er aufweist. Die Rechtslage wird vielmehr noch dadurch kompliziert, daß bei Bebauungsplänen, auch wenn sie der BauNVO unterfallen, je nach dem Zeitpunkt ihres Entstehens entweder die Vorschriften der BauNVO 1962, 1968, 1977 oder 1986 Anwendung finden. Auf einen vergröbernden Nenner gebracht ist dabei maßgeblich, ob im Zeitpunkt des Inkrafttretens einer Neufassung der BauNVO der Entwurf eines Bebauungsplans schon ausgelegt war; trifft dies zu, ist dieser Bebauungsplan jeweils nach der alten Fassung der BauNVO zu beurteilen[7].

Neben diesem „Normenwirrwarr" macht sich ferner nachteilig bemerkbar, daß eine ganze Reihe von Fragen, die sich in Verbindung mit der Zulässigkeit derartiger Bauvorhaben stellen, in Literatur und Rechtsprechung kontrovers beantwortet werden. Das impliziert sowohl für den Bauantragsteller wie auch für die Baurechtsbehörden eine nicht unerhebliche Rechtsunsicherheit. Sie steigert sich noch dadurch, daß selbst dort, wo unbestimmte Rechtsbegriffe durch Gesetzesänderungen scheinbar nicht unmittelbar betroffen werden (vgl. z.B. § 11 Abs. 3 S. 1 u. 2 BauNVO 1977 bzw. 1986), sie dennoch im Schwerefeld gesetzlicher Novellierungen ihren Bedeutungsgehalt verändern können.

2. Das anwendbare Recht

Angesichts des – wie gezeigt – durch eine besondere Dynamik gekennzeichneten Planungsrechts gewinnt die Frage nach dem für die rechtliche Beurteilung eines Baugesuchs (Bauantrag oder Bauvoran-

---

7 Übergangsregelungen finden sich in den §§ 25, 25 a, 25 b BauNVO sowie, was die Anwendung der BauNVO 1968 im Verhältnis zur BauNVO 1962 angeht, in Art. 2 der Verordnung zur Änderung der BauNVO vom 26. 11. 1968 (BGBl. I, S. 1233); s. hierzu eingehend die Kommentierung der §§ 25 ff. BauNVO bei *Fickert/Fieseler*, BauNVO, 5. Aufl. 1985.

frage) maßgeblichen Zeitpunkt besondere Bedeutung. Ist hier der Zeitpunkt des Einreichens des Baugesuchs oder der der Entscheidung über das Baugesuch ausschlaggebend (dazu unter a)? Wie steht es schließlich, wenn das Baugesuch (zu Recht oder zu Unrecht) abgelehnt wurde und nun die Gerichte über das Bestehen des vom Antragsteller geltend gemachten Anspruchs, sei es im Rahmen einer Klage auf Erlaß des begehrten Bescheids (dazu unter b) oder in Verbindung mit einer Amtshaftungsklage oder einer Klage aus enteignungsgleichem Eingriff, zu befinden haben (dazu unter c)?

a) Die Maßgeblichkeit der Rechtslage im Zeitpunkt der Entscheidung der Baurechtsbehörde

Unter Zugrundelegung allgemeiner Grundsätze muß prinzipiell nach der geltenden Rechtslage im Zeitpunkt des Ergehens des verwaltungsbehördlichen Bescheides entschieden werden. Das bedeutet, daß selbst dann, wenn ein Baugesuch im Zeitpunkt seines Eingangs bei der Baurechtsbehörde begründet war, es dennoch abzulehnen ist, falls sich nachträglich die Rechtslage zuungunsten des Antragstellers verändert, etwa indem ein neuer Bebauungsplan, eine Veränderungssperre oder eine Änderung der Baunutzungsverordnung in Kraft treten.

b) Die Maßgeblichkeit der Rechtslage im Rahmen einer auf Erlaß einer Baugenehmigung bzw. eines Bauvorbescheids gerichteten Klage

Wird ein Bauantrag oder eine Bauvoranfrage abgelehnt und kommt es nunmehr zu einem verwaltungsgerichtlichen Urteil über ein entsprechendes Klagebegehren des Antragstellers, so ist für die Entscheidung über das Bestehen des Anspruchs die Rechtslage im Zeitpunkt der letzten mündlichen Verhandlung vor dem Verwaltungsgericht relevant [8]. Im Klartext heißt dies, daß die auf Erteilung eines begünstigenden Bescheids gerichtete Klage selbst dann abzuweisen ist, wenn die durch die Baurechtsbehörde getätigte negative Bescheidung des Bauersuchens im Zeitpunkt der verwaltungsbehördlichen Ent-

8 Vgl. hierzu z. B. *Schenke*, Die Bedeutung einer nach Abschluß des Verwaltungsverfahrens eintretenden Änderung der Rechts- oder Sachlage für die Anfechtung des Verwaltungsakts, NVwZ 1986 S. 522 (523).

scheidung rechtswidrig war. In einem solchen Fall bleibt dem Kläger dann nur (Rechtsschutzinteresse unterstellt) ein Antrag auf Feststellung der Rechtswidrigkeit der Ablehnung bzw. Unterlassung der Baugenehmigung bzw. des Bauvorbescheids analog § 113 Abs. 1 S. 4 VwGO[9]. Zudem besteht für ihn die Möglichkeit, im Hinblick auf die rechtswidrige Versagung des begehrten Bescheids einen Schadensersatzanspruchs gem. § 839 BGB i. V. mit Art. 34 GG oder einen Entschädigungsanspruch wegen enteignungsgleichen Eingriffs geltend zu machen.

c) Die Maßgeblichkeit der Rechtslage im Rahmen eines Amtshaftungs- bzw. Entschädigungsanspruchs

Amtshaftungs- bzw. Entschädigungsansprüche wegen rechtswidriger Versagung einer Baugenehmigung bzw. eines Bauvorbescheids richten sich grundsätzlich gegen den Träger der Baurechtsbehörde. Falls die Ablehnung einer Baugenehmigung bzw. eines Bauvorbescheids im Hinblick auf § 36 BauGB allerdings nur wegen fehlenden Einvernehmens der Gemeinde erfolgte, kommen Amtshaftungsansprüche (anders als Ansprüche wegen enteignungsgleichen Eingriffs) nur gegenüber der Gemeinde in Betracht[10]. Da die Baurechtsbehörde bei Versagung des nach § 36 BauGB erforderlichen gemeindlichen Einvernehmens selbst bei Bestehen eines Anspruchs auf den erstrebten begünstigenden Verwaltungsakt gehindert ist, diesen zu erlassen, liegt hier in einer mit fehlendem Einvernehmen der Gemeinde begründeten Ablehnung keine Amtspflichtverletzung des Trägers der Baurechtsbehörde.

Für die Beurteilung der Amtspflichtwidrigkeit bzw. der Rechtswidrigkeit, auf welche Schadensersatz- bzw. Entschädigungsansprüche gestützt werden, kommt es grundsätzlich auf den Zeitpunkt der Entscheidung der Baurechtsbehörde bzw. bei Versagung des Einvernehmens der Gemeinde gem. § 36 BauGB auf den Zeitpunkt dieser Ablehnung an. Dem Bestehen entsprechender Ansprüche wegen rechtswidriger Unterlassung einer Baugenehmigung bzw. eines Bauvorbe-

---

9 Vgl. hierzu *Schenke*, Die Fortsetzungsfeststellungsklage, in: System des verwaltungsgerichtlichen Rechtsschutzes, Festschrift für Christian Friedrich Menger, 1985, S. 461 (474).

10 Vgl. zu dieser Haftung der Gemeinde *BGH*, NVwZ 1986 S. 504 ff.

scheids steht es auch unter dem Gesichtspunkt der überholenden Kausalität nicht im Wege, daß sich nach der rechtswidrigen Ablehnung des beantragten Bescheids die Rechtslage zuungunsten des Antragstellers änderte und er nunmehr keinen Anspruch auf die erstrebte Begünstigung besitzt. Wäre nämlich rechtmäßigerweise die Baugenehmigung erlassen worden, so wäre ihre Wirksamkeit auch durch die spätere Veränderung der Rechtslage nicht in Frage gestellt worden.

Das *BVerwG*[11] hat nunmehr unter Änderung seiner Rechtsprechung zu Recht betont, daß selbst ein Bauvorbescheid, der die planungsrechtliche Zulässigkeit eines Vorhabens feststellt und nach Landesrecht ein vorweggenommener Teil der Baugenehmigung ist (sog. Bebauungsgenehmigung), sich gegenüber nachfolgenden Rechtsänderungen durch das Inkrafttreten einer Veränderungssperre oder eines Bebauungsplans durchsetzt. Als praktische Konsequenz hieraus ergibt sich im übrigen, daß für den Bauantragsteller im Hinblick auf die kürzere Zeit, deren es für die Bearbeitung einer Bauvoranfrage im Verhältnis zu der eines Bauantrags bedarf, auch dann noch ein Interesse am Erlaß eines begünstigenden Bauvorbescheids bestehen kann, wenn inzwischen ein Bauantrag eingereicht wurde. Dieser von mir an anderer Stelle ausführlich begründeten Rechtsauffassung[12] hat sich nunmehr auch der *BadWürttVGH*[13] in einer jüngst ergangenen Entscheidung angeschlossen.

3. Der Gang der Untersuchung

Im folgenden soll zunächst die rechtliche Problematik der Ansiedlung von großflächigen Betrieben des Einzelhandels für jene Fälle untersucht werden, bei denen der vorgesehene Standort im Geltungsbereich eines qualifizierten Bebauungsplans gem. § 30 BauGB liegt (dazu II). Anschließend ist auf die Zulässigkeit der Ansiedlung von Einzelhandelsbetrieben im unbeplanten Innenbereich gem. § 34 BauGB einzugehen (dazu III). Dann soll die Frage erörtert werden, inwieweit sich für den gemeindlichen Satzungsgeber Möglichkeiten

11 Vgl. BVerwGE 69 S. 1 ff.

12 Vgl. *Schenke*, Zum Verhältnis von Bauvoranfrageverfahren und Baugenehmigungsverfahren, VBlBW 1985 S. 442 ff.

13 *BadWürttVGH*, VBlBW 1987 S. 303 (306).

eröffnen, mittels eines Bebauungsplans Einschränkungen der Errichtung von Einzelhandelsbetrieben, insbesondere „großflächiger Einzelhandelsbetriebe", zu statuieren (dazu IV). Abschließend wird der Rechtsschutz Dritter gegen die Erteilung einer Baugenehmigung für großflächige Betriebe des Einzelhandels untersucht (dazu V).

II. Die Errichtung von großflächigen Betrieben des Einzelhandels im Geltungsbereich eines qualifizierten Bebauungsplans

Das Problem der Ansiedlung von „großflächigen Einzelhandelsbetrieben" stellt sich, da solche Betriebe in einem Kerngebiet gem. § 7 BauNVO wie auch in einem für entsprechende Betriebe ausgewiesenen Sondergebiet unbestreitbar zulässig sind, im wesentlichen nur in Verbindung mit solchen Standorten, die in einem Bebauungsplan als Misch-, Gewerbe- oder Industriegebiet ausgewiesen sind. In reinen Wohngebieten ist die Errichtung selbst von Läden, die der Deckung des täglichen Bedarfs für die Bewohner dieses Gebietes dienen, gem. § 3 Abs. 3 BauNVO nur ausnahmsweise zulässig. Im allgemeinen Wohngebiet sind nach § 4 Abs. 2 Nr. 2 BauNVO nur „die der Versorgung des Gebietes dienenden Läden" erlaubt. „Großflächige Einzelhandelsbetriebe" (wie ebenso vergleichbare „sonstige großflächige Handelsbetriebe") sind damit jedenfalls grundsätzlich ausgeschlossen.

Allerdings ist zu beachten, daß die Rechtsprechung den Begriff des Ladens heute in Anlehnung an neue wirtschaftliche Gegebenheiten in einem weiteren Sinn versteht, als dies früher noch zutraf. In Konsequenz eines veränderten Verbraucherverhaltens (Motorisierung beim Einkauf; Einkauf größerer Mengen auch im Hinblick auf die Möglichkeit der Vorratshaltung durch Eisschrank und Kühltruhe; gestiegene Qualitätsansprüche sowie Selbstbedienung) und des dadurch bedingten Anwachsens der durchschnittlichen Verkaufsfläche von Einzelhandelsbetrieben[14] wird nunmehr zu Recht davon ausgegan-

---

14 So hat sich bei SB-Geschäften und Supermärkten allein in dem Zeitraum zwischen 1982 und 1985 die durchschnittliche Verkaufsfläche um 150 qm auf 492 qm vergrößert, vgl. *Kniep*, Moderne Marktformen und ihre Entwicklung, in: Stadt- und Ortskerne ohne Geschäfte?, 1986 S. 14 (17).

gen[15], daß selbst ein Einzelhandelsgeschäft mit 700 qm Verkaufsfläche noch als ein Laden i. S. des § 4 Abs. 2 Nr. 2 BauNVO qualifiziert werden kann. Der Begriff des Ladens wird damit in Anpassung an veränderte Marktgegebenheiten nicht statisch, sondern dynamisch[16] interpretiert.

Der Annahme eines der Versorgung des Gebiets dienenden Ladens steht es im übrigen nicht im Wege, daß die Versorgung der Bevölkerung eines Gebiets bereits durch andere Geschäfte ausreichend sichergestellt ist und deshalb kein Bedürfnis für die Etablierung eines neuen Geschäfts besteht[17]. Ein Verständnis des § 4 Abs. 2 Nr. 2 BauNVO im Sinne einer Bedürfnisprüfung und damit als Wettbewerbsbremse wäre nicht nur mit der Zielsetzung der BauNVO als städtebauliche Kodifikation (s. auch den Rechtsgedanken des § 15 Abs. 3 BauNVO) unvereinbar, sie ließe sich auch mit den verfassungsrechtlichen Vorgaben des Art. 12 GG, der eine solche Bedürfnisprüfung verbietet[18], nicht in Einklang bringen. Unter Gebiet i. S. des § 4 Abs. 2 BauNVO kann dabei angesichts der häufig vom Zufall abhängenden Abgrenzung des Geltungsbereichs eines Bebauungsplans sinnvollerweise nicht nur das jeweilig festgesetzte Baugebiet verstanden werden, sondern hierzu rechnen auch andere angrenzende Wohngebiete[19].

Nur soweit er (unter Außerachtlassung schon vorhandener Geschäfte) kein der Größenordnung eines Ladens angemessenes Kundenpotential aufweist, kann ein Laden nicht als der Versorgung des Gebiets i. S. des § 4 Abs. 2 Nr. BauNVO dienend eingestuft werden. Dies träfe etwa dann zu, wenn ein Lebensmitteleinzelhandelsgeschäft mit 700 qm Verkaufsfläche in einer kleinen Gemeinde mit 1000 Einwohnern angesiedelt würde. Solche Fälle dürften in der Praxis aber

---

15 Vgl. *OVG Lüneburg*, BauR 1986 S. 197; schon vorher war der *BadWürttVGH*, BRS 35 Nr. 33 S. 89 (92), davon ausgegangen, daß ein Laden noch bei einer Verkaufsfläche von 600 qm angenommen werden kann.

16 Von der Notwendigkeit einer solchen dynamischen Interpretation geht der Sache nach auch der *HessVGH*, BRS 23 Nr. 38, S. 80 (81) aus.

17 So auch z. B. *Fickert/Fieseler*, BauNVO, § 2, Tn. 9.

18 Grundlegend hierzu BVerfGE 7, S. 377 ff.

19 So auch *BadWürttVGH*, BRS 35 Nr. 33 S. 89 (90); *Fickert/Fieseler*, BauNVO, § 2, Tn. 9.

ohnehin keine Rolle spielen, da hier bereits aus wirtschaftlichen Gründen die Etablierung eines Geschäftes in dieser Größenordnung regelmäßig unterbleibt.

1. Die Zulässigkeit von großflächigen Betrieben des Einzelhandels in Misch-, Gewerbe- und Industriegebieten nach der BauNVO 1962

Die Schwierigkeiten, die sich in Verbindung mit der Ansiedlung großflächiger Betriebe des Einzelhandels in einem Misch-, Gewerbe- oder Industriegebiet ergeben, resultieren daraus, daß zwar in diesen Gebieten gemäß den Vorschriften der §§ 6 Abs. 2 Nr. 3, 8 Abs. 2 Nr. 1 und 9 Abs. 2 Nr. 1 BauNVO Einzelhandelsbetriebe als grundsätzlich zulässig anzusehen sind, gleichzeitig aber in der Norm des § 11 BauNVO Einschränkungen für die Errichtung von großflächigen Betrieben statuiert sind. Entsprechende Restriktionen ergeben sich allerdings bei älteren Bebauungsplänen, auf welche auch heute noch § 11 BauNVO 1962 Anwendung findet, nicht.

Hier können Beschränkungen der Zulässigkeit solcher Betriebe im wesentlichen nur aus § 15 BauNVO erwachsen, demzufolge Einzelhandelsbetriebe dann unzulässig sind, wenn sie nach Anzahl, Lage, Umfang oder Zweckbestimmung der Eigenart des Baugebiets widersprechen. Sie sind ferner gem. § 15 Abs. 1 S. 2 BauNVO unzulässig, falls von ihnen Belästigungen oder Störungen ausgehen können, die je nach der Eigenart des Baugebiets im Baugebiet selbst oder in dessen Umgebung unzumutbar sind[20]. Letzteres kann insbesondere in

---

20 Entgegen *Kniep*, Die Bedeutung des § 15 BauNVO für großflächige Handelsbetriebe, GewArch. 1981 S. 50 (51 f.), bietet § 15 BauNVO keine Möglichkeit, die in einem größeren städtebaulich funktionalen Zusammenhang auftretenden Wirkungen (z. B. Gefährdung der verbrauchernahen Versorgung, Verödung des Ortszentrums) oder landesplanerisch und raumordnerisch unerwünschte Folgen eines „großflächigen Einzelhandelsbetriebs“ zu bekämpfen (s. *BVerwG*, UPR 1984 S. 230 f.; *Bosch*, BauR 1982 S. 350 (352); *Schenke*, UPR 1986 S. 281 (290); *Schlotterbeck*, Zulässigkeit oder Unzulässigkeit von Einzelhandelsbetrieben und sonstigen Handelsbetrieben mit Verkauf an letzte Verbraucher in Gewerbe- und in Industriegebieten, VBlBW 1986 S. 361 (364).

Verbindung mit Mischgebieten[21] Bedeutung erlangen, da hier gem. § 6 Abs. 1 BauNVO eine Unterbringung von Gewerbebetrieben neben dem Wohnen dienenden Bauvorhaben nur zulässig ist, wenn sie das Wohnen nicht wesentlich stören.

2. Die Zulässigkeit von großflächigen Betrieben des Einzelhandels in Misch-, Gewerbe- und Industriegebieten nach der BauNVO 1968

Eine erste spezifisch gegen die Errichtung bestimmter großflächiger Betriebe des Einzelhandels gerichtete Beschränkung brachte § 11 Abs. 3 BauNVO 1968 mit sich. Danach sind Einkaufszentren und Verbrauchermärkte, die außerhalb von Kerngebieten errichtet werden sollen und die nach Lage, Umfang oder Zweckbestimmung vorwiegend der übergemeindlichen Versorgung dienen sollen, als Sondergebiete darzustellen und festzusetzen. Ihre Ansiedlung in Misch-, Gewerbe- und Industriegebieten wird damit für im Geltungsbereich solcher Bebauungspläne liegende Bauvorhaben ausgeschlossen.

a) Der Begriff des Verbrauchermarkts

Was den Begriff des Einkaufszentrums angeht, der auch in den nachfolgenden Fassungen des § 11 Abs. 3 BauNVO verwandt wurde, soll hier zunächst auf unsere späteren Ausführungen verwiesen werden. Unter Verbrauchermarkt ist in Anlehnung an die Begriffsdefinition aus der Handels- und Absatzwirtschaft ein Einzelhandelsbetrieb zu verstehen[22], der auf weiträumiger Verkaufsfläche[23] von mindestens

21 Nicht überzeugend und zu weit gehend demgegenüber wohl *Schlichter*, Städtebauliche Planung und Wettbewerbsregulierung? – Der heutige Stand der Rechtsprechung nach BBauG und nach BauNVO, in: Stadt- und Ortskerne ohne Geschäfte?, 1986, S. 37 (39ff.), der annimmt, daß Verbrauchermärkte sich grundsätzlich wegen der mit ihrer Nutzung verbundenen Immissionen als störende Betriebe darstellen. Diese Auffassung vermag insbesondere dann nicht zu überzeugen, wenn man wie *Schlichter* (vgl. a.a.O., S. 40, Fn. 6) „großflächige Einzelhandelsbetriebe" bereits bei 700 qm oder sogar noch geringerer Verkaufsfläche für möglich hält.

22 Vgl. *Schenke*, UPR 1986 S. 288; ebenso *Fickert/Fieseler*, BauNVO, 3. Aufl. 1971, § 5 BauNVO, Tn. 91; *Frank*, Einzelhandelsinteressen in der Bauleitplanung bei der Gebietsausweisung für Verbrauchermärkte, NVwZ 1987 S. 369, Fn. 1; *Crone-Erdmann*, Einkaufszentren und Verbrauchermärkte im Ordnungsrahmen des Pla-

1000 qm ein warenhausähnliches Sortiment einschließlich Nahrungs- und Genußmitteln vorwiegend in Selbstbedienung anbietet.

Nicht überzeugend ist demgegenüber, wenn das *BVerwG*[24] in einer neueren Entscheidung, ohne sich endgültig festzulegen, der Auffassung zuneigt, ein Möbelmarkt könne trotz seines beschränkten Warensortiments ein Verbrauchermarkt sein. Dabei wird verkannt, daß der Begriff des Verbrauchermarkts, jedenfalls was die Frage des Sortiments angeht, einen engeren Inhalt aufweist[25] als der des „großflächigen Einzelhandelsbetriebs". Dieser Umstand hat im übrigen bezeichnenderweise dazu geführt, daß in den 1977 und 1986 erfolgten Novellierungen der BauNVO nicht mehr von Verbrauchermärkten, sondern von „großflächigen Einzelhandelsbetrieben" gesprochen wird[26].

b) Die vorwiegend übergemeindliche Versorgung

Das Tatbestandsmerkmal, „vorwiegend der übergemeindlichen Versorgung zu dienen", wird man richtigerweise so zu interpretieren

---

nungsrechts, GewArch. 1975 S. 319 (320); *Seifert*, Neue Betriebsformen im Handel, 1977, S. 2; Katalog E, Begriffsdefinitionen aus der Handels- und Absatzwirtschaft, 3. Ausgabe, 1982, S. 27 unter Nr. 14.

23 Unter Verkaufsfläche ist die dem Verkauf dienende Fläche einschließlich der Gänge, Treppen in den Verkaufsräumen, Standflächen für Einrichtungsgegenstände, Schaufenster und Freiflächen, soweit sie dem Kunden zugänglich sind, zu verstehen (vgl. *Fickert/Fieseler*, BauNVO, 5. Aufl., § 11, Tn. 9; *Söfker*, in: *Ernst/Zinkahn/Bielenberg*, BauGB, Bd. II, Stand 1987, § 11 BauNVO, Rdnr. 79 m. w. Nachw.). In der Praxis ist es oft zweifelhaft, inwieweit ein Windfang noch zur Verkaufsfläche zu zählen ist. Soweit dieser – seiner Funktion gemäß – nicht für Verkaufszwecke genutzt wird und im übrigen vom Verkaufsraum räumlich abgetrennt ist, wird man ihn nicht der Verkaufsfläche zuzählen können.

24 Vgl. *BVerwG*, NVwZ 1987 S. 51 (52). Wenn andere von wirtschaftswissenschaftlicher Seite mit dem Begriff des Verbrauchermarkts verbundene Kriterien, wie jene der aggressiven Preispolitik sowie der Tendenz zum Verkauf größerer Mengen, sich für eine juristische Begriffsbestimmung des „Verbrauchermarkts" (insoweit richtig *BVerwG*, NVwZ 1987 S. 52) als untauglich erwiesen, so liegt dies daran, daß sich solche Merkmale rechtlich – insbesondere unter Beachtung des Grundsatzes der Rechtssicherheit – nicht handhaben lassen, bezüglich des Warensortiments kommt diesem Aspekt jedoch gerade keine Bedeutung zu.

25 So unterfallen z. B. Fachmärkte und Fachdiscounter nicht dem Begriff des Verbrauchermarkts (vgl. z. B. *Kniep*, Baunutzungsrecht und Einzelhandelsgroßprojekte, GewArch. 1985 S. 89 (90)).

26 Vgl. BR-Drucks. 261/77 S. 36.

haben, daß hierdurch solche Verbrauchermärkte ausgeschlossen werden, bei denen zu erwarten ist, daß sie mehr als 50% ihres Umsatzes von außerhalb der politischen Gemeinde beziehen[27]. Dafür sprechen unter Beachtung des gängigen Sprachgebrauchs des Gesetzgebers nicht nur die grammatikalische Auslegung des § 11 Abs. 3 BauNVO 1968, sondern auch die Entstehungsgeschichte des § 11 BauNVO 1968.

Auf Vorschlag des Bundesrats ist nämlich die in dem ursprünglichen Entwurf des Bundesministers für Wohnungswesen und Städtebau vorgesehene Formulierung des § 11 Abs. 3 BauNVO 1968 dahin abgeändert worden, daß der Begriff „überörtliche Versorgung“ durch „übergemeindliche Versorgung“ ersetzt wurde. Die Begründung[28] hierfür belegt in einer jeden Zweifel ausschließenden Weise, daß hier ganz bewußt auf die politischen Gemeindegrenzen abgehoben wurde. Zu Recht hat der *BadWürttVGH*[29] es dabei abgelehnt, darauf abzustellen, ob ein Verbrauchermarkt überwiegend der Versorgung von Personen dient, die außerhalb des Ortsteils der Gemeinde wohnen, in dem der Verbrauchermarkt situiert ist.

3. Die Zulässigkeit von großflächigen Betrieben des Einzelhandels in Misch-, Gewerbe- und Industriegebieten nach der BauNVO 1977 und 1986

Weiterreichende Einschränkungen der Errichtung großflächiger Betriebe des Einzelhandels haben die Novellierungen der BauNVO aus den Jahren 1977 und 1986 mit sich gebracht. Ihnen ist gemeinsam, daß hier nach § 11 Abs. 3 Nr. 2 BauNVO „großflächige Einzelhandelsbetriebe“ sowie im Hinblick auf den Verkauf an letzte Verbraucher vergleichbare „sonstige großflächige Handelsbetriebe“ (§ 11 Abs. 3 Nr. 3), die sich nach Art, Lage oder Umfang auf die Verwirklichung der Ziele der Raumordnung und Landesplanung oder auf die städtebauliche Entwicklung und Ordnung nicht nur unwesentlich auswirken können, außer in Kerngebieten nur in für sie fest-

27 Dazu eingehender *Schenke*, UPR 1986 S. 288 ff.

28 Vgl. BR-Drucks. 402/1/68 S. 4.

29 *BadWürttVGH*, UPR 1986 S. 318.

gesetzten Sondergebieten zulässig sind. Gem. § 11 Abs. 3 Nr. 1 BauNVO sind ferner Einkaufszentren außer in Kern- und Sondergebieten generell untersagt.

Der Unterschied zwischen den Fassungen des § 11 Abs. 3 BauNVO 1986 und 1977 liegt dabei darin begründet, daß in § 11 Abs. 3 BauNVO 1977 nachteilige Auswirkungen in der Regel dann angenommen werden, wenn die Geschoßfläche 1500 qm übersteigt, nach § 11 Abs. 3 BauNVO 1986 jedoch der Schwellenwert der Geschoßfläche nunmehr auf 1200 qm herabgesetzt wird. Im übrigen finden sich in der 1986 erfolgten Novellierung des § 11 Abs. 3 in S. 4 ergänzende Regelungen zu der Vermutungsregelung des § 11 Abs. 3 S. 3 BauNVO, die gem. § 25b Abs. 2 BauNVO 1986[30] entsprechend auch auf die der BauNVO 1977 unterfallenden Bebauungspläne anzuwenden sind.

a) Der Begriff des „großflächigen Einzelhandelsbetriebs"

Voraussetzung für die Unzulässigkeit eines Bauvorhabens sowohl gem. § 11 Abs. 3 Nr. 2 und 3 BauNVO 1977 wie auch 1986 ist das Vorliegen eines „großflächigen Einzelhandelsbetriebs" bzw. eines sonstigen „großflächigen Handelsbetriebs". Ob solche „großflächigen Betriebe" gegeben sind, kann durch die Gerichte in Konsequenz der Rechtsschutzgarantie des Art. 19 Abs. 4 GG in vollem Umfang überprüft werden[31]. Der Begriff des „großflächigen Einzelhandelsbetriebs" setzt dabei, wie schon der Wortlaut dieser Vorschrift indiziert, eine Mindestverkaufsfläche voraus[32].

Abzulehnen ist folglich die von den Baurechtsbehörden vielfach vertretene Ansicht, das Vorliegen eines „großflächigen Einzelhandelsbetriebs" hänge von den Auswirkungen eines Einzelhandelsbetriebs ab

---

30 Verkannt wird diese Regelung durch *Kniep*, Zur Änderung des § 11 Abs. 3 Baunutzungsverordnung (BauNVO), VBlBW 1987 S. 411, wenn dieser annimmt, die Vermutungsregelung des § 11 Abs. 3 S. 3 BauNVO gelte auch mit dem Geschoßschwellenwert von 1500 qm für die der BauNVO 1977 unterfallenden Bebauungspläne.

31 Vgl. zur grundsätzlich uneingeschränkten Justitiabilität unbestimmter Rechtsbegriffe ausführlich *Schenke*, in: Bonner Kommentar zum Grundgesetz (Zweitbearbeitung), 1982, Art. 19 Abs. 4, Rdnrn. 334ff. m. eingeh. Nachw.

32 Eingehender hierzu *Schenke*, UPR 1986 S. 281 f.

und könne damit nur relativ bestimmt werden[33]. Gegen eine solche Ansicht spricht, daß für den Fall ihrer Zugrundelegung das Tatbestandsmerkmal „großflächig" neben den in § 11 Abs. 3 Nr. 2 BauNVO angeführten Auswirkungen überflüssig würde. Dies widerspräche aber, wie sich aus der Entstehungsgeschichte des § 11 Abs. 3 Nr. 2 BauNVO 1977 belegen läßt, dem erklärten Willen des Verordnungsgebers, der unter Ablehnung anderweitig unterbreiteter Vorschläge bewußt das Vorliegen eines *„großflächigen Einzelhandelsbetriebs"* bzw. Handelsbetriebs verlangte. Unter diesen Umständen ist es zu begrüßen, daß das *BVerwG* nunmehr in einer Grundsatzentscheidung vom 22. 5. 1987[34] ausdrücklich klargestellt hat, daß für das Vorliegen eines „großflächigen Einzelhandelsbetriebs" eine absolute Mindestverkaufsfläche erforderlich ist.

Zu Recht wird dabei auf das Vorliegen einer Mindestverkaufsfläche und nicht, wie dies neuerdings etwa von *Jahn*[35] gefordert wird, auf das einer Mindestgeschoßfläche abgestellt. Für die Leistungsfähigkeit eines Einzelhandelsbetriebs ist nämlich primär die Verkaufsfläche und nicht die Geschoßfläche der maßgebliche Indikator. Das wird schon daran deutlich, daß die in die Geschoßfläche miteingeschlossenen Flächen für Mauerwerk und Sozialräume keinen Bezug zu den Umsatzerwartungen eines Betriebes aufweisen. Selbst bezüglich der in den Einzelhandelsbetrieben untergebrachten (meist in die Geschoßfläche miteinzubeziehenden) Lagerflächen besteht angesichts der heute vielfach zu beobachtenden Tendenz[36], Einzelhandelsbetriebe täglich von einer Zentrale aus zu versorgen, nur ein sehr vager Zusammenhang mit dem Warenumsatz.

Von daher gesehen wäre es aber wenig befriedigend, je nachdem, ob die Lagerhaltung des Einzelhandelsbetriebs sich im Verkaufsgebäude befindet oder ausgelagert ist, einen „großflächigen Einzelhandelsbetrieb" zu befürworten oder zu verneinen. Das gilt um so mehr, als der

---

33 So aber auch *Kniep*, GewArch. 1985 S. 89 (92) sowie *Steger*, Großflächige Einzelhandelsbetriebe im Licht der neueren Rechtsprechung, BWGZ 1985 S. 110 (120 f.) und *Bröll*, ZfBR 1986 S. 272.

34 Vgl. *BVerwG*, ZfBR 1987 S. 254 (255).

35 Vgl. *Jahn*, Zum Begriff des „großflächigen (Einzel-) Handelsbetriebs" in § 11 III BauNVO, NVwZ 1987 S. 1053 (1055).

36 Dazu auch *Kniep*, VBlBW 1987 S. 410.

aus den Landesbauordnungen[37] entlehnte Begriff der Geschoßfläche, sofern die Lagerräume (auch nur partiell) unterirdisch angelegt sind, diese nicht umschließt und somit (auch bei Kenntnis der Verkaufsfläche eines Betriebs) die Geschoßflächengröße keine zuverlässige Aussage über die Lagerfläche erlaubt.

Wenn dennoch die §§ 11 Abs. 3 S. 3 BauNVO 1977 bzw. 1986 die hier getroffene Vermutungsregelung an die Geschoßfläche und nicht die Verkaufsfläche anknüpfen, so findet dies eine Erklärung darin, daß der Terminus der Geschoßfläche anders als der der Verkaufsfläche gesetzlich definiert ist. Zudem ist angesichts der Widerlegbarkeit der Vermutungsregelung des § 11 Abs. 3 S. 3 BauNVO eine ausreichende Elastizität gewährleistet, um den betriebswirtschaftlichen Besonderheiten von Einzelhandelsbetrieben bei der Beurteilung von deren Auswirkungen jeweils gerecht zu werden. Diese Elastizität weist hingegen ein absolut zu bestimmender Begriff der Großflächigkeit i.S. des § 11 Abs. 3 BauNVO naturgemäß nicht auf.

Nicht überzeugend ist es auch, wenn zur Rechtfertigung einer Anknüpfung an die Geschoß- und nicht an die Verkaufsfläche angeführt wird[38], daß letztere starken saisonalen Schwankungen unterliegen kann. Abgesehen davon, daß sich bei dieser Argumentation der Verdacht aufdrängt, daß sie von einem zu engen Begriff der Verkaufsfläche ausgeht, wird bei ihr verkannt, daß die Baugenehmigung für einen Einzelhandelsbetrieb regelmäßig unter Zugrundelegung einer ganz bestimmten Verkaufsfläche erteilt wird, die damit einen Genehmigungsinhalt bildet. Veränderungen der Verkaufsfläche nach oben stellen sich folglich als rechtswidrige ungenehmigte Nutzungen dar.

Wie die für einen „großflächigen Einzelhandelsbetrieb“ essentielle Mindestverkaufsfläche bestimmt werden muß, ist freilich nach wie vor strittig. Vor der Entscheidung des BVerwG vom 22. 5. 1987 entsprach es der h.M.[39], daß für einen „großflächigen Einzelhandels-

---

37 Vgl. z.B. § 2 V BadWürttLBO vom 6. 4. 1964 (GBl. S. 151), geändert durch Gesetz vom 1. 4. 1985 (GBl. S. 51); entsprechende Bestimmungen finden sich auch in allen anderen Landesbauordnungen.

38 So *Frank*, NVwZ 1987 S. 369.

39 Vgl. hierzu ausführlich *Schenke*, UPR 1986 S. 283 ff.; ferner *Battis*, Novelliertes Bundesbaugesetz und Grundgesetz, DÖV 1978 S. 113 (121); *Bielenberg*, Läden, Einzelhandelsbetriebe, Einkaufszentren, großflächige Einzelhandelsbetriebe und

betrieb“ – in Einklang mit dem Sprachgebrauch der Wirtschaft und einer von der Bundesregierung eingesetzten Expertenkommission für Begriffsdefinitionen aus der Handels- und Absatzwirtschaft[40] – eine Mindestverkaufsfläche von 1000 qm erforderlich ist. Das *BVerwG* hat dies mit einer wenig überzeugenden Begründung abgelehnt. Es tendiert dazu – ohne die Frage letztendlich zu entscheiden –, die maßgebliche Verkaufsfläche bei ca. 700 qm anzusiedeln[41]. Die für diese Auffassung angeführten Gründe sind durchaus anfechtbar.

Wenn das *BVerwG*[42] sich in diesem Zusammenhang darauf beruft, daß, wenn der Begriff der Großflächigkeit eine Mindestverkaufsfläche von 1000 qm voraussetze, es nahegelegen hätte, dies in § 11 Abs. 3 BauNVO zu verordnen, so ist dem entgegenzuhalten, daß man mit der gleichen Begründung auch jede andere Bestimmung einer für den „großflächigen Einzelhandelsbetrieb“ essentiellen absoluten Mindestverkaufsfläche in Frage stellen könnte. Nicht behilflich erscheint mir ferner der Hinweis[43] darauf, daß Auswirkungen i. S. des § 11 Abs. 3 S. 1 BauNVO auch von einem Einzelhandelsbetrieb mit weniger als 1000 qm Verkaufsfläche ausgehen können. Das ist zwar zweifelsohne richtig, aber eben die Folge der Regelung des Verordnungsgebers, der eine Unzulässigkeit eines Einzelhandelsbetriebs, wie oben dargelegt, nur dann statuieren wollte, wenn die Auswirkungen der in § 11 Abs. 3 BauNVO bezeichneten Art gerade von einem „großflächigen Einzelhandelsbetrieb“ ausgehen, und deshalb in § 11 Abs. 3 BauNVO zusätzlich das Tatbestandsmerkmal der „Großflächigkeit“ aufnahm.

---

sonstige großflächige Handelsbetriebe nach der BauNVO 1977, BlGBW 1978 S. 81 (84); *Fickert/Fieseler*, BauNVO, 5. Aufl., § 11, Tn. 19; *Knaup/Stange*, BauNVO, 7. Aufl. 1983, § 11, Anm. 3c, aa; *Walper*, Die Baunutzungsverordnung, 1978, S. 90, Erl. zu § 11 Abs. 3; *BadWürttVGH*, VBlBW 1985 S. 298 f. sowie UPR 1986, S. 313.

40 Vgl. *Veröffentlichungen der Kommission zur Förderung der handels- und absatzwirtschaftlichen Forschung*, Katalog E, Begriffsdefinitionen aus der Handels- und Absatzwirtschaft, 2. Ausgabe 1976, S. 21 unter Nr. 32; *Seifert*, Neue Betriebsformen im Handel, S. 2; *Hauptgemeinschaft des Deutschen Einzelhandels*, Merkblatt „Nichtintegrierte Einzelhandels- und Großverkaufsstätten“, 1977 S. 3.

41 Vgl. *BVerwG*, ZfBR 1987 S. 254 ff.

42 Vgl. *BVerwG*, ZfBR 1987 S. 255.

43 Nicht überzeugend daher *Schlichter*, in: Stadt- und Ortskerne ohne Geschäfte?, S. 40, Fn. 6.

Die Regelung des § 11 Abs. 3 S. 3 BauNVO 1977 mit der 1500 qm-Geschoßflächenvermutung liefe unter Zugrundelegung der für das Vorliegen eines „großflächigen Einzelhandelsbetriebs" erforderlichen Mindestverkaufsfläche von 1000 qm im übrigen auch keineswegs leer. Nach statistischen Erhebungen[44] entspricht bei „großflächigen Einzelhandelsbetrieben" auch mit einem Lebensmittelsortiment eine Geschoßfläche von 1500 qm in der Regel einer Verkaufsfläche von ca. 1200 qm. Bei bestimmten Fachmärkten (z. B. Baumärkten) fällt der prozentuale Anteil der Verkaufsfläche an der Geschoßfläche sogar noch wesentlich höher aus[45], so daß auf der Basis der für den „großflächigen Einzelhandelsbetrieb" geforderten 1000 qm-Mindestverkaufsfläche § 11 Abs. 3 BauNVO 1977 nicht funktionslos wird. Mit der 1000 qm-Grenze hat das *BVerwG* damit ohne Not ein Stück Rechtssicherheit abgebaut. Das Vakuum, das hier entsteht, wird in der Praxis erhebliche Rechtsunsicherheit hervorrufen. Das wird schon daran evident, daß das *BVerwG* sich bisher nicht in der Lage sah, eine andere absolute Größe der Mindestverkaufsfläche anzugeben, sondern sich nur dahin äußerte, daß die maßgebliche Mindestverkaufsfläche nicht wesentlich über bzw. unter '700 qm anzusiedeln[46] sei.

Der Versuch, den Begriff des „großflächigen Einzelhandelsbetriebs" als einen Gegenbegriff zu dem des Ladens zu konstruieren, ist im übrigen durchaus mit einem Fragezeichen zu versehen. Die Gleichung „großflächiger Einzelhandelsbetrieb" ist jeder Einzelhandelsbetrieb, der keinen Laden darstellt, provoziert gravierende rechtliche Bedenken. Sie dürfte u. a. schwerlich mit der Regelung des § 5 Abs. 2 Nr. 4 BauNVO vereinbar sein, derzufolge in einem Dorfgebiet auch Einzelhandelsbetriebe zulässig sind. Da unter solchen Einzelhandelsbetrieben aber vernünftigerweise keine „großflächigen Einzelhandelsbetriebe" verstanden werden, gewinnt die hier durch den Verord-

44 Vgl. hierzu *Deutscher Industrie- und Handelstag*, Orientierungshilfe bei Bauleitplanung, Daten für IHK-Gutachten zu großflächigen Einzelhandelsbetrieben, 1983, S. 5 sowie dort den statistischen Anhang, Anlage 1.

45 Nach *Kniep*, VBlBW 1987 S. 410, soll angesichts der zwischenzeitlich am Markt zu beobachtenden Tendenz, nahezu täglich „größere Einzelhandelsbetriebe" von einer Zentrale aus zu versorgen, die Lagerfläche regelmäßig weit unter einem Drittel der Geschoßfläche liegen.

46 Vgl. *BVerwG*, ZfBR 1986 S. 255.

nungsgeber verwandte Terminologie nur dann Sinn, wenn es eine Kategorie von Einzelhandelsbetrieben gibt, die weder Läden i. S. des § 4 Abs. 2 Nr. 2 BauNVO noch „großflächige Einzelhandelsbetriebe“ darstellen. Die gegenteilige Auffassung des *BVerwG* muß zudem zu einer bedenklichen Nivellierung der baulichen Nutzbarkeit von allgemeinem Wohngebiet einerseits, Misch-, Gewerbe- und Industriegebiet andererseits führen.

Für den Ansatz des *BVerwG* kann allenfalls vordergründig ins Feld geführt werden, daß bei einer Bestimmung der für den „großflächigen Einzelhandelsbetrieb“ essentiellen Mindestverkaufsfläche von 1000 qm sich die Novellierung des § 11 Abs. 3 BauNVO 1986 mit der Herabsetzung der Geschoßflächenvermutungsregelung auf 1200 qm als eklatanter Mißgriff erwiese. Auch wenn man aber eine derartige Neuinterpretation des Begriffs des „großflächigen Einzelhandelsbetriebs“ i. V. mit § 11 Abs. 3 BauNVO 1986 für gerechtfertigt hielte, ließe sich hieraus nicht die entsprechende Auslegung i. V. mit § 11 Abs. 3 BauNVO 1977 begründen. Eine so motivierte Neubestimmung des früheren Inhalts einer Regelung aus einer späteren Norm wäre unter dem Gesichtspunkt des verfassungsrechtlichen Vertrauensschutzes höchst fragwürdig, da sie der Sache nach auf eine sonst unzulässige Rückwirkung von Normen hinausliefe[47].

Ohnehin ist im übrigen die Ausweitung des Anwendungsbereichs des § 11 Abs. 3 BauNVO durch eine extensive Bestimmung des Begriffs des „großflächigen Einzelhandelsbetriebs“ verfassungsrechtlich nicht unproblematisch[48], da sie letztlich der Sache nach (angesichts der geringen Neigung der Gemeinde, insoweit Sondergebiete auszuweisen) eine sich zum Schaden des Verbrauchers auswirkende, an Marktgegebenheiten[49] vorbeigehende weitreichende Einschränkung

---

47 Das sich hier stellende verfassungsrechtliche Problem wird von *Jahn*, NVwZ 1987 S. 1056, übersehen, wenn es bei ihm undifferenziert heißt, „die Ansicht, die die untere Grenze der Großflächigkeit bei 1000 qm Verkaufsfläche ziehen will, kann jedenfalls seit der am 1. 11. 1987 in Kraft getretenen Novellierung des § 11 Abs. 3 S. 3 BauNVO keine Geltung mehr beanspruchen“.

48 Zu den sich bei einer zunehmenden gesetzlichen Reduzierung der Verkaufsfläche stellenden verfassungsrechtlichen Problemen s. im übrigen auch *Schlichter*, in: Stadt- und Ortskerne ohne Geschäfte?, S. 45.

49 Dazu auch *Hüttenbrink*, § 11 Abs. 3 BauNVO 1987 – Sind die großflächigen Einzelhandelsbetriebe am Ende?, DVBl. 1987, S. 1045 (1050).

eines bestimmten Typus von Einzelhandelsbetrieben (nämlich solchen zwischen 700 und 1000 qm) begünstigt, obwohl angesichts des Strukturwandels im Einzelhandel kleinere Einzelhandelsbetriebe („Tante-Emma-Läden") selbst bei Annahme einer für den „großflächigen Einzelhandelsbetrieb" genügenden Mindestverkaufsfläche von 700 qm auf Dauer nicht überlebensfähig sind. Zu Recht ist darauf hingewiesen worden, daß der auf Kosten kleinerer Einzelhandelsgeschäfte gehende Ausleseprozeß im Lebensmittelhandel weniger eine Folge der Ansiedlung neuer Objekte als vielmehr die Konsequenz einer veränderten Struktur ist[50].

Die Bedenklichkeit solcher durch ein extensives Verständnis des Begriffs des „großflächigen Einzelhandelsbetriebs" bewirkten Restriktion der Errichtung größerer Einzelhandelsbetriebe erhellt zusätzlich, daß nach den Urteilen von Fachleuten ein den heutigen Bedürfnissen angepaßtes Vollwarensortiment zwingend eine Verkaufsfläche von annähernd 1000 qm voraussetzt[51]. Begünstigt werden durch die planungsrechtliche Einschränkung solcher Betriebe neben den Fachmärkten primär die wesentlich über 1000 qm liegenden „großflächigen Einzelhandelsbetriebe", an deren Ansiedlung in Sondergebieten die Gemeinden häufig ein großes wirtschaftliches Interesse haben[52], obwohl sie in der Tat gravierende städtebauliche wie raumordnerische und landesplanerische Bedenken provozieren.

Nachdem das *BVerwG* nun aber einmal den entscheidenden Schritt zu einer Neubestimmung der für einen „großflächigen Einzelhandelsbetrieb" erforderlichen Mindestverkaufsfläche getan hat, sollte es jedenfalls diese Judikatur dahingehend konkretisieren, daß bei einer Verkaufsfläche von unter 700 qm von einem „großflächigen Einzelhandelsbetrieb" nicht ausgegangen werden kann. Dafür spricht nicht nur der Umstand, daß bei denjenigen, die für einen

---

50 Vgl. *Bremme*, Die Problematik der Ansiedlung von großflächigen Betrieben des Einzelhandels aus der Sicht eines Handelsunternehmens, in: *Dichtl/Schenke*, Einzelhandel und Baunutzungsverordnung, S. 106.

51 Vgl. *Dichtl*, Die Ansiedlung von großflächigen Betrieben des Einzelhandels im Spannungsfeld von Mittelstands- und Verbraucherpolitik, in: *Dichtl/Schenke*, Einzelhandel und Baunutzungsverordnung, S. 130.

52 Vgl. hierzu die Beispiele bei *Gleisberg*, Die Problematik der Ansiedlung von großflächigen Betrieben des Einzelhandels aus der Sicht der verwaltungsbehördlichen Praxis, in: *Dichtl/Schenke*, Einzelhandel und Baunutzungsverordnung, S. 76 ff.

„großflächigen Einzelhandelsbetrieb“ eine absolute Mindestverkaufsfläche angeben, diese nie unter 700 qm angesiedelt wurde. Dieser Standpunkt wird auch dadurch erhärtet, daß der in § 4 Abs. 2 Nr. 2 BauNVO verwandte Begriff des „Ladens“ von der neueren Rechtsprechung – so etwa in einer Entscheidung des *OVG Lüneburg*[53] – dahingehend konkretisiert wird, daß ein Einzelhandelsgeschäft mit einer Verkaufsfläche von ca. 700 qm noch als ein der Versorgung des Gebiets dienender Laden angesehen werden kann.

Die Rechtsprechung hat zu Recht betont, daß das geänderte Kaufverhalten der Bevölkerung, insbesondere die Forderung nach Selbstbedienung sowie der Wunsch nach einer größeren Warenvielfalt es notwendig machen, den Begriff des der Versorgung des Gebiets dienenden Ladens extensiver zu interpretieren, als dies früher geschah. Wollte man im übrigen die für den „großflächigen Einzelhandelsbetrieb“ erforderliche Mindestverkaufsfläche bei knapp unter 700 qm ansiedeln, so hätte eine solche Entscheidung immer den Charakter einer willkürlichen Dezision.

Abzulehnen ist es außerdem, wenn man vereinzelt für das Vorliegen eines „großflächigen Einzelhandelsbetriebs“ neben der gebotenen Mindestverkaufsfläche noch eine bestimmte Betriebsform, etwa in Form eines breiten Warenangebots in jeweils großen Mengen oder einer großen Flächenbeanspruchung bei einseitigem Sortiment fordert[54]. Anders als der in § 11 Abs. 3 BauNVO 1968 verwandte Begriff des „Verbrauchermarkts“ bietet jener des „großflächigen Einzelhandelsbetriebs“ keine Anhaltspunkte für derartige Restriktionen. Für sie besteht auch kein Anlaß, da Faktoren wie etwa dem Warenangebot in Verbindung mit den in § 11 Abs. 3 S. 1 und 2 BauNVO angesprochenen Auswirkungen rechtliche Beachtlichkeit zukommt.

Ebenso wie der besprochene Versuch zur Einengung des Begriffs des „großflächigen Einzelhandelsbetriebs“ abzulehnen ist, vermag es umgekehrt nicht zu überzeugen, wenn man[55] z. T. das Vorliegen eines „großflächigen Einzelhandelsbetriebs“ auch dann generell (unabhängig vom Umfang der Verkaufsfläche) befürwortet, falls ein

53 Vgl. *OVG Lüneburg*, BauR 1986 S. 197.

54 So aber *Schlichter*, in: Stadt- und Ortskerne ohne Geschäfte?, S. 40, Fn. 6.

55 *Hüttenbrink*, DVBl. 1987 S. 1047.

der BauNVO 1986 unterfallender Einzelhandelsbetrieb mehr als 1200 qm Geschoßfläche (bzw. bei Anwendbarkeit der BauNVO 1977 mehr als 1500 qm Geschoßfläche) aufweist. Die Unrichtigkeit dieser Ansicht ergibt sich schon daraus, daß, wie oben gezeigt, der Begriff der Großflächigkeit an der Verkaufsfläche und nicht an der Geschoßfläche zu orientieren ist. Zudem läuft die abgelehnte Auffassung auf eine systematisch verfehlte Vermengung der Frage der „Großflächigkeit" mit jener der Auswirkungen i.S. des § 11 Abs. 3 S. 1–4 BauNVO hinaus.

b) Die in § 11 Abs. 3 BauNVO angesprochenen nachteiligen Auswirkungen eines „großflächigen Einzelhandelsbetriebs"

Allein aus dem Vorliegen eines „großflächigen Einzelhandelsbetriebs" ergibt sich jedoch dessen Unzulässigkeit gem. § 11 Abs. 3 BauNVO in Misch-, Gewerbe- und Industriegebieten noch nicht. Zusätzliche Voraussetzung hierfür ist vielmehr, daß von ihm negative Auswirkungen der in § 11 Abs. 3 BauNVO bezeichneten Art ausgehen können. Dabei genügt nicht die abstrakte Möglichkeit derartiger Auswirkungen. Es müssen vielmehr in concreto ausreichende sachliche Anhaltspunkte für ihr Vorliegen bestehen[56].

Nur von daher gesehen werden auch die in § 11 Abs. 3 S. 3 BauNVO 1977 und § 11 Abs. 3 S. 3 BauNVO 1986 enthaltenen unterschiedlichen[57] Vermutungsregelungen verständlich. Die Vermutungsregelungen lassen sich sinnvollerweise nur so interpretieren, daß unter Zugrundelegung des § 11 Abs. 3 S. 3 BauNVO 1986 geringere Anforderungen für die Annahme möglicher Auswirkungen i.S. des § 11 Abs. 3 S. 3 BauNVO 1986 genügen, als dies nach der in Satz 1 und Satz 2 gleichlautenden Fassung des § 11 Abs. 3 BauNVO 1977 zutrifft. Was das Vorliegen von Auswirkungen i.S. des § 11 Abs. 3 BauNVO angeht, besitzen die zuständigen Baurechtsbehörden im

---

56 Vgl. hierzu z. B. *Bosch*, Bauplanungsrechtliche Fragen zur Ansiedlung großflächiger Einzelhandelsbetriebe, BauR 1984 S. 350 (352); *Söfker*, in: *Ernst/Zinkahn/Bielenberg*, BauGB, Bd. II, § 11 BauNVO, Rdnr. 58.

57 Unrichtig *Kniep*, VBlBW 1987 S. 411, der fälschlicherweise davon ausgeht, aus § 25b Abs. 2 BauNVO ergebe sich, daß auch der Schwellenwert des § 11 Abs. 3 S. 3 BauNVO 1986 für die im übrigen der BauNVO 1977 unterfallenden Bebauungspläne gelte.

übrigen weder einen Ermessens- noch einen Beurteilungsspielraum[58].

Begrüßenswert ist die in § 11 Abs. 3 S. 4 BauNVO 1986 enthaltene (gem. § 25b Abs. 2 BauNVO entsprechend auch für die der BauNVO 1977 unterfallenden Bebauungspläne geltende) Erläuterung, gemäß der bei der Bestimmung der Auswirkungen die Gliederung und Größe der Gemeinde und ihrer Ortsteile, die Sicherung der verbrauchernahen Versorgung der Bevölkerung und das Warenangebot des Betreibers zu berücksichtigen sind. So liegt es auf der Hand, daß ein zentral gelegener Einzelhandelsbetrieb, selbst wenn er den Geschoßflächenschwellenwert des § 11 Abs. 3 BauNVO 1977 bzw. 1986 übersteigt, sicher unbedenklicher ist als ein „großflächiger Einzelhandelsbetrieb", der unterhalb des Schwellenwerts des § 11 Abs. 3 S. 3 BauNVO 1977 bzw. 1986 liegt[59] und sich in einer peripheren Lage befindet.

Auch dem Warenangebot kommt, wie in § 11 Abs. 3 S. 4 BauNVO zu Recht ausgedrückt, eine erhebliche Bedeutung in Verbindung mit den in § 11 Abs. 3 BauNVO angesprochenen Auswirkungen zu. So wird z. B. bei den flächendeckenden Bau- oder Gartenmärkten die periphere Lage eines Einzelhandelsbetriebs bei weitem nicht die Relevanz besitzen wie bei einem Lebensmitteleinzelhandelsbetrieb in der gleichen Lage. Von daher gesehen kann u. U. ein Baumarkt, selbst wenn er die Schwellenwerte des § 11 Abs. 3 S. 3 BauNVO erheblich überschreitet, dennoch an einem peripheren Standort zulässig sein, zumal bei einem solchen Sortiment dem Gesichtspunkt der fußläufigen Versorgung keine Bedeutung zukommt.

Gründe, die im übrigen auch sonst die Zulässigkeit der Errichtung eines „großflächigen Einzelhandelsbetriebs" trotz Überschreitens der in § 11 Abs. 3 BauNVO 1977 und 1986 genannten Schwellenwerte rechtfertigen, sind neben der Zentralität des Betriebsstandorts ferner etwa dann gegeben, wenn der Einzugsbereich eines solchen Geschäf-

58 So auch treffend *Söfker*, in: *Ernst/Zinkahn/Bielenberg*, BauGB, Bd. II, § 11 BauNVO, Rdnr. 58.

59 Unrichtig ist es, wenn *Schlotterbeck*, VBlBW 1986 S. 363, hinsichtlich des § 11 Abs. 3 Nr. 2 BauNVO 1977 annimmt, hiernach seien Einzelhandelsbetriebe mit einer Geschoßfläche von unter 1500 qm in Gewerbe- und Industriegebieten immer zulässig.

tes auf dem betreffenden Sektor bisher unterversorgt war[60]. Da § 25b Abs. 2 BauNVO mit der dort festgesetzten entsprechenden Anwendung des § 11 Abs. 4 Nr. 3 S. 4 BauNVO 1986 auf die dem § 11 Abs. 3 BauNVO 1977 unterfallenden Bebauungspläne im wesentlichen nur deklaratorische Bedeutung besitzt, ist die hier erfolgte Klarstellung unter dem Aspekt des rechtsstaatlichen Vertrauensschutzes m. E. nicht zu beanstanden.

Der Umstand, daß § 11 Abs. 3 Nr. 2 und 3 BauNVO kumulativ zweierlei Voraussetzungen für eine hierauf gegründete Unzulässigkeit der Errichtung von Einzelhandelsbetrieben aufstellt, bedeutet im übrigen nicht nur, daß „großflächige Einzelhandelsbetriebe" in Misch-, Gewerbe- und Industriegebieten dann als zulässig anzusehen sind, wenn sie keine Auswirkungen der in § 11 Abs. 3 S. 1 und 2 BauNVO bezeichneten Art hervorrufen. Vielmehr ist von hierher zu folgern, daß beim Fehlen der Großflächigkeit raumordnerische und landesplanerische Auswirkungen entgegen einer in der Verwaltungspraxis vielfach anzutreffenden Rechtsauffassung[61] die Zulässigkeit eines Einzelhandelsbetriebs nicht in Frage zu stellen vermögen.

Raumordnungs- und Regionalpläne haben im Verhältnis zum Bürger in Konsequenz ihrer Rechtsnatur keine Rechtsverbindlichkeit. Ohnehin dürften im übrigen bei einer Bejahung der Großflächigkeit schon ab ca. 700 qm Verkaufsfläche von einem unter Zugrundelegung dieses Wertes nicht „großflächigen Einzelhandelsbetrieb" raumordnerisch oder landesplanerisch bedeutsame Auswirkungen kaum zu erwarten sein. Auch städtebauliche Auswirkungen eines nicht „großflächigen Einzelhandelsbetriebs" sind nur dann als rechtlich relevant zu bewerten, wenn sie einen Verstoß gegen § 15 BauNVO begründen. Da § 15 BauNVO Fernwirkungen (wie etwa die Beeinträchtigung der zentralen Versorgung einer Gemeinde) nicht erfaßt, läßt sich einem Teil der in § 11 Abs. 3 S. 1 und 2 BauNVO angesprochenen nachteiligen städtebaulichen Auswirkungen bei nicht „großflächigen Einzelhandelsbetrieben" über § 15 BauNVO nicht Rechnung tragen.

---

60 Vgl. auch *Bröll*, ZfBR 1986 S. 271 (277).

61 Vgl. hierzu auch *Hüttenbrink*, DVBl. 1987 S. 1048 m. w. Nachw.

c) Die Bildung eines „großflächigen Einzelhandelsbetriebs" durch mehrere kleinere Geschäfte?

Eine die Praxis zuweilen beschäftigende Frage stellt sich dort, wo ein Einzelhandelsgeschäft in enger räumlicher Nachbarschaft zu mehreren bereits vorhandenen Einzelhandelsbetreibern errichtet werden soll, mit denen es bei Hinzurechnung seiner Verkaufsflächen die für einen „großflächigen Einzelhandelsbetrieb" gem. § 11 Abs. 3 BauNVO erforderliche Mindestverkaufsfläche erreichen bzw. übersteigen würde. Ist es wie ein „großflächiger Einzelhandelsbetrieb" zu bewerten?

Eine solche durch den Wortlaut des § 11 Abs. 3 Nr. 2 BauNVO nicht mehr gedeckte Summierung[62] verbietet sich m.E., zumal auf dem Hintergrund des Art. 14 GG. Falls es sich um selbständig geführte Unternehmen handelt, muß vielmehr für jeden dieser Einzelhandelsbetriebe die Frage nach der Großflächigkeit gesondert beurteilt werden. Das hat m.E. sogar dann zu gelten, wenn die diversen Einzelhandelsbetriebe im gleichen Gebäude untergebracht sind.

Die Richtigkeit dieses Ergebnisses wird nicht zuletzt durch die Vorschrift des § 11 Abs. 3 Nr. 1 BauNVO indiziert, die eine solche ganzheitliche Betrachtung von Einzelhandelsgeschäften und ein hieran geknüpftes Verbot eines Konglomerats von Geschäften nur unter bestimmten Voraussetzungen zuläßt, nämlich dann, wenn durch diese Geschäfte ein Einkaufszentrum gebildet wird. § 11 Abs. 3 Nr. 1 BauNVO liefe bei Zulässigkeit einer durch die Addition einzelner Einzelhandelsgeschäfte begründeten Großflächigkeit nicht nur leer, sondern die dort für das Vorliegen eines Einkaufszentrums geforderten Voraussetzungen ließen sich mit der hier abgelehnten Interpretation des § 11 Abs. 3 Nr. 2 BauNVO auch nicht auf einen logischen Nenner bringen.

Falls allerdings ein geplanter Einzelhandelsbetrieb bereits die Qualität der Großflächigkeit aufweist, kann bei der Beurteilung seiner

62 Für sie, jedenfalls bei bestimmten Fallkonstellationen, *Kniep*, GewArch. 1985 S. 90 sowie *ders.*, Zur Ansiedlung großflächiger Einzelhandelsbetriebe im Wechsel des Baunutzungsrechts, BWGZ 1982 S. 439 und *Steger*, BWGZ 1985 S. 124f. sowie der dort zitierte nordrhein-westfälische Erlaßentwurf; kritisch demgegenüber z.B. auch *Bosch*, BauR 1984 S. 353; *Söfker*, in: *Ernst/Zinkahn/Bielenberg*, BauGB, § 11 BauNVO, Rdnr. 64; *BadWürttVGH*, VBlBW 1986 S. 106 (107).

Auswirkungen das Vorhandensein anderer Einzelhandelsgeschäfte in unmittelbarer Nähe bei der Würdigung seiner Auswirkungen gem. § 11 Abs. 3 BauNVO sehr wohl relevant werden[63]. Daneben vermag eine derartige Anhäufung von Einzelhandelsgeschäften auch die Unzulässigkeit einer Neuerrichtung gem. § 15 Abs. 1 S. 1 BauNVO zu begründen. So hat der *BadWürttVGH*[64] 1986 zu Recht die Auffassung vertreten, daß die Ansiedlung eines Einzelhandelsgeschäfts in einem Mischgebiet dann unzulässig sei, wenn sie dazu führe, daß das Baugebiet zu mehr als 85% einer gewerblichen Nutzung zugeführt werde und für die Wohnbebauung nur noch max. 15% übrig blieben.

Ebenso kann eine Häufung von Einzelhandelsbetrieben gem. § 15 Abs. 1 S. 1 BauNVO unzulässig sein[65]. Sie kann zudem eine nach § 15 Abs. 1 S. 2 BauNVO nicht mehr zumutbare Immissionsbelastung im Baugebiet oder in dessen Umgebung mit sich bringen. Schließlich kann eine solche Massierung von Einzelhandelsbetrieben für die Gemeinde den Anlaß für bauplanerische Festsetzungen gem. § 1 Abs. 4 sowie Abs. 5 und 9 BauNVO bilden.

d) „Sonstige großflächige Handelsbetriebe" gem. § 11 Abs. 3 Nr. 3 BauNVO

Das zur Zulässigkeit „großflächiger Einzelhandelsbetriebe" gem. § 11 Abs. 3 Nr. 2 BauNVO 1977 bzw. 1986 Ausgeführte gilt entsprechend auch für „sonstige großflächige Handelsbetriebe" i. S. d. § 11 Abs. 3 Nr. 3 BauNVO. Hierunter fallen auch Großhandelsbetriebe, sofern durch sie zugleich auch ein Verkauf an letzte Verbraucher erfolgt[66] und sie in ihren Auswirkungen den in Nr. 2 bezeichneten „großflächigen Einzelhandelsbetrieben" vergleichbar sind. Damit wird der Existenz der in der Realität häufig feststellbaren Mischform zwischen Einzelhandels- und Großhandelsbetrieb Rechnung getragen und hier bestehenden Abgrenzungsschwierigkeiten aus dem Weg gegangen. Reine Großhandelsbetriebe werden jedoch von § 11 Abs. 3 Nr. 3 BauNVO nicht erfaßt.

---

63 Ebenso *Söfker*, in: *Ernst/Zinkahn/Bielenberg*, BauGB, § 11 BauNVO, Rdnr. 64; a. A. *Bosch*, BauR 1984 S. 353.

64 *BadWürttVGH*, VBlBW 1987 S. 107.

65 Vgl. *Schlotterbeck*, VBlBW 1986 S. 364.

66 Vgl. hierzu *Schenke*, UPR 1986 S. 286 sowie *Fickert/Fieseler*, BauNVO, 5. Aufl., § 11, Tn. 20.

e) Einkaufszentren

Einkaufszentren sind gem. § 11 Abs. 3 Nr. 1 BauNVO außerhalb von Kern- und Sondergebieten generell unzulässig. Eines Nachweises negativer Auswirkungen der in § 11 Abs. 3 S. 1 – 4 bezeichneten Art bedarf es hier nicht. Auch in Verbindung mit dem Begriff des Einkaufszentrums stellt sich die Frage nach dessen Wesensmerkmalen. Auf die häufig aus Werbegründen gewählte Bezeichnung durch den Betreiber einer solchen Anlage kann es dabei naturgemäß nicht ankommen. Richtigerweise wird unter einem Einkaufszentrum in Anlehnung an die Begriffsdefinition der Handels- und Absatzwirtschaft die gewachsene oder aufgrund einer Planung entstandene räumliche Konzentration von Einzelhandels- und Dienstleistungsbetrieben verschiedener Größe zu verstehen sein[67]. Typisch für Einkaufszentren ist, wie in der amtlichen Begründung[68] zu der 1968 erfolgten Novellierung des § 11 Abs. 3 BauNVO ausgeführt wird, daß die ein Einkaufszentrum konstituierenden diversen Betriebe in der Regel einen einheitlich geplanten und finanzierten, gebauten und verwalteten Gebäudekomplex bilden.

In Konsequenz der gegebenen Definition wie auch im Einklang mit dem allgemeinen Sprachgebrauch stellen zwei Betriebe allein, selbst wenn sie im gleichen Gebäude untergebracht sind, noch kein Einkaufszentrum dar[69]. Das gilt auch dann, wenn von einem der beiden Betriebe aufgrund seiner besonderen Größe bzw. sonstiger Umstände eine besondere Magnetwirkung[70] ausgeht, die u. U. Anlaß für bauplanerische Maßnahmen nach § 1 Abs. 5 und 9 BauNVO sein kann.

---

67 Vgl. *Veröffentlichungen der Kommission zur Förderung der handels- und absatzwirtschaftlichen Forschung*, Katalog E, Begriffsdefinitionen aus der Handels- und Absatzwirtschaft, 2. Ausgabe 1976, S. 23 Nr. 43; daran im wesentlichen anknüpfend *Fickert/Fieseler*, BauNVO, 5. Aufl., § 11, Tn. 18; *Knaup/Stange*, BauNVO, § 11, Anm. 3 b; *Walper*, BauNVO, Erl. zu § 11 Abs. 3, S. 89.

68 Vgl. BR-Drucks. 402/68, S. 5; ebenso *Söfker*, in: *Ernst/Zinkahn/Bielenberg*, BauGB, § 11 BauNVO, Rdnr. 49; *Fickert/Fieseler*, BauNVO, 5. Aufl., § 11, Tn. 18; *Knaup/Stange*, BauNVO, § 11, Anm. 3 b; *Brügelmann/Ziegler*, BauGB, § 11 BauNVO, Rdnr. 19; *Schlotterbeck*, VBlBW 1986 S. 362, Fn. 10; ebenso der Mustererlaß der ARGEBAU zur BauNVO 1977, abgedruckt bei *Fickert/Fieseler*, BauNVO, 5. Aufl., Anh. 8, S. 931 ff.

69 Nicht überzeugend daher *BayVGH*, Urteil v. 30. 12. 1986, AZ Nr. 20 B 86.01786 (unveröffentlicht), S. 20.

70 Darauf stellt der *BayVGH* in seinem Urteil v. 30. 12. 1986, a. a. O., S. 24, ab.

Noch weniger möglich ist es, wie vom *BayVGH*[71] erwogen, ein einzelnes Geschäft als Einkaufszentrum zu qualifizieren. Soweit es nur um die Errichtung eines isolierten „großflächigen Einzelhandelsbetriebs" geht, ist dieser nur dann gem. § 11 Abs. 3 BauNVO unzulässig, wenn es sich hier bei Anwendung der BauNVO 1968 um einen vorwiegend der übergemeindlichen Versorgung dienenden Verbrauchermarkt handelt oder ein gem. § 11 Abs. 2 Nr. 2 und 3 BauNVO 1977 bzw. 1986 unzulässiger „großflächiger Einzelhandelsbetrieb" oder ein entsprechender „sonstiger großflächiger Handelsbetrieb" vorliegt.

§ 11 Abs. 3 BauNVO läßt sich im übrigen – zumindest im Wege der teleologischen Reduktion – entnehmen, daß, sogar wenn mehrere Einzelhandelsbetriebe gegeben sind und diese die oben genannten Definitionsmerkmale eines Einkaufszentrums erfüllen, der hierdurch gebildete Gebäudekomplex jedenfalls dann nicht als ein Einkaufszentrum anzusehen ist, wenn die betreffenden Geschäfte bei ihrer Zusammenlegung in einem einzigen Geschäft unter dem Aspekt des § 11 Abs. 3 BauNVO nicht zu beanstanden wären.

Da die Konzentration von Wirtschaftsmacht in einem Einzelhandelsbetrieb auch unter städtebaulichen sowie unter raumordnerischen und landesplanerischen Gesichtspunkten weit bedenklicher ist als bei einer personellen und organisatorischen Aufteilung in mehrere Betriebe, ergibt sich hier als eine zwingende Konsequenz des Gleichheitssatzes, daß im letzteren Fall gegen eine Aufspaltung eines solchen Geschäfts in mehrere selbständige Einzelhandelsbetriebe erst recht keine durchschlagenden rechtlichen Einwände erhoben werden können. Schon von daher erklärt sich, daß unabhängig von dem eventuellen Fehlen anderer für ein Einkaufszentrum essentieller Merkmale eine Ansammlung von Läden[72], die auch bei Addition ihrer Verkaufsflächen nicht die für einen Verbrauchermarkt bzw. „großflächigen Einzelhandelsbetrieb" benötigte Mindestverkaufs-

---

71 *BayVGH*, Urteil v. 30. 12. 1986, a. a. O., S. 24.

72 Dazu, daß eine Ansammlung von Läden grundsätzlich kein Einkaufszentrum bildet, vgl. z. B. *Fickert/Fieseler*, BauNVO, 5. Aufl., § 11, Tn. 18 und *Förster*, BauNVO, 3. Aufl. 1978, S. 285; *Söfker*, in: *Ernst/Zinkahn/Bielenberg*, BauGB, § 11 BauNVO, Rdnr. 50.

fläche aufweisen, von vornherein nicht als ein unzulässiges Einkaufszentrum qualifiziert werden kann.

Von hierher wird auch klar, daß mehrere im Geltungsbereich der BauNVO 1968 errichtete Einzelhandelsgeschäfte, selbst wenn sie bei Addition ihrer Verkaufsfläche die für einen Verbrauchermarkt essentielle Mindestverkaufsfläche erreichen oder (sogar erheblich) übersteigen, kein unzulässiges Einkaufszentrum bilden, wenn ihr Warensortiment zusammengelegt nicht das für einen Verbrauchermarkt erforderliche warenhausähnliche Sortiment einschließlich Lebens- und Genußmitteln aufweist. Demzufolge können z. B. Geschäfte, die nur Textilien und Schuhe führen, nicht als ein gem. § 11 Abs. 3 BauNVO 1968 unzulässiges Einkaufszentrum angesehen werden, selbst dann, wenn sie die durch § 11 Abs. 3 BauNVO 1968 geforderte übergemeindliche Versorgungsfunktion erwarten lassen.

Aus der Systematik des § 11 Abs. 3 BauNVO lassen sich zudem noch weitere Anhaltspunkte gewinnen, welche zur Konkretisierung des unbestimmten Rechtsbegriffs des Einkaufszentrums beizutragen vermögen. Zwar enthält § 11 Abs. 3 BauNVO unmittelbar keine näheren Aussagen über die für ein Einkaufszentrum erforderliche Mindestverkaufsfläche. Bei einer systematischen Zusammenschau des § 11 Abs. 3 Nr. 1 BauNVO mit § 11 Abs. 3 Nr. 2 und 3 BauNVO kann ihm aber nicht nur entnommen werden, daß die Verkaufsfläche der einzelnen Geschäfte insgesamt mehr als die für einen „großflächigen Einzelhandelsbetrieb" oder einen Verbrauchermarkt wesensnotwendige Fläche betragen muß. § 11 Abs. 3 Nr. 1 BauNVO 1977 bzw. 1986 geht vielmehr davon aus, daß die für ein Einkaufszentrum essentielle Mindestverkaufsfläche sogar noch erheblich höher anzusiedeln ist. Anders läßt sich nämlich der Umstand, daß § 11 Abs. 3 Nr. 1 BauNVO 1977 und 1986 in bewußtem Gegensatz zu § 11 Abs. 3 Nr. 2 und 3 BauNVO auf den Nachweis nachteiliger Auswirkungen der dort bezeichneten Art verzichtet, nicht erklären.

Eine Rechtfertigung für die Nichtstatuierung von Regelungen, die dem § 11 Abs. 3 S. 1–4 BauNVO 1977 bzw. 1986 entsprechen, in Verbindung mit Einkaufszentren, läßt sich, wie auch durch den Gleichheitssatz und das Übermaßverbot indiziert wird, nur daraus ableiten, daß bei einem Einkaufszentrum typischerweise die in § 11 Abs. 3 BauNVO angesprochenen nachteiligen Auswirkungen zu unterstellen sind[73]. Das aber bedeutet, daß jedenfalls in großen Städten ein Einkaufszentrum in der Tat normalerweise eine Verkaufsfläche von 10000 qm oder mehr voraussetzt[74]. In mittleren und kleineren Gemeinden kann allerdings diese Verkaufsfläche entgegen einer in der Literatur[75] vertretenen Ansicht erheblich unterschritten werden[76].

Offensichtlich unhaltbar ist es freilich, auch unter Berücksichtigung der Relativität der für ein Einkaufszentrum zu fordernden Mindestverkaufsfläche, wenn bereits bei einer Gesamtverkaufsfläche von 700 qm[77] ein Einkaufszentrum als denkbar angesehen wird. Die Unhaltbarkeit dieser Auffassung, die auch im Widerspruch zu der von der ARGEBAU vertretenen Rechtsauffassung steht, wird zusätzlich durch die Vermutungsregelung des § 11 Abs. 3 S. 3 BauNVO 1977 bzw. 1986 bestätigt.

III. Die Zulässigkeit großflächiger Betriebe des Einzelhandels im Innenbereich

Soweit kein Bebauungsplan gegeben ist, kommt eine Errichtung großflächiger Betriebe des Einzelhandels nur im Innenbereich gem. § 34 BauGB in Betracht, während sie im Außenbereich gem. § 35 Abs. 2 BauGB regelmäßig ausscheiden dürfte. Voraussetzung für die Zulässigkeit großflächiger Betriebe des Einzelhandels ist freilich, daß der Innenbereich den Charakter eines Misch-, Gewerbe-, Industrie-

---

73 Einhellige Meinung, vgl. z. B. *Knaup/Stange*, BauNVO, § 11, Anm. 3b; *Söfker*, in: *Ernst/Zinkahn/Bielenberg*, BauGB, § 11 BauNVO, Rdnr. 49.

74 *Fickert/Fieseler*, BauNVO, § 11, Tn. 18; ähnlich *Hüttenbrink*, Zur Zulässigkeit von Einkaufszentren, Verbrauchermärkten und sonstigen großflächigen Handelsbetrieben im unbeplanten Innenbereich unter Berücksichtigung von § 11 Abs. 3 BauNVO, BauR 1982 S. 412; *Söfker*, in: *Ernst/Zinkahn/Bielenberg*, BauGB, § 11 BauNVO, Rdnr. 49.

75 Vgl. *Leder*, Kommentar zur Baunutzungsverordnung, 3. Aufl. 1983 S. 11, Rdnr. 12.

76 Vgl. *Schenke*, UPR 1986 S. 288 und dem folgend *BayVGH*, Urteil v. 30. 12. 1986, a. a. O., S. 23.

77 So *Brügelmann/Ziegler*, BauGB, § 11 BauNVO, Rdnr. 20; *Kniep*, GewArch. 1985, S. 89 (91).

oder Kerngebiets aufweist oder sich jedenfalls aus Elementen dieser Gebietstypen zusammensetzt.

1. Die Zulässigkeit großflächiger Betriebe des Einzelhandels bei Zuordenbarkeit der näheren Umgebung zu den in der BauNVO genannten Baugebieten

Falls eine eindeutige Zuordnung zu einer der genannten Baugebietsarten zu befürworten ist, kommt dabei die in § 34 Abs. 2 BauGB vorgenommene Verweisung auf die BauNVO zur Anwendung. Die Zulässigkeit eines „großflächigen Einzelhandelsbetriebs“ (Entsprechendes gilt für „sonstige großflächige Handelsbetriebe“) nach der Art der Nutzung bemißt sich folglich ausschließlich nach der BauNVO. Damit ist gegen einen „großflächigen Einzelhandelsbetrieb“ in einem sich als Kerngebiet darstellenden Baugebiet prinzipiell kein Einwand zu erheben.

Was seine Zulässigkeit in tatsächlich als Gewerbe-, Industrie- oder Mischgebiet strukturierten Gebieten angeht, beurteilt sich diese ausschließlich nach Maßgabe des § 11 Abs. 3 BauNVO 1986. Anders als früher nach § 34 Abs. 1 BBauG bedarf es dann bzgl. der Frage der Art der baulichen Nutzung keiner zusätzlichen sachlichen Prüfung in der Richtung, ob sich das Bauvorhaben nach der Art der Nutzung in die Eigenart der näheren Umgebung einfügt. Der Errichtung eines „großflächigen Einzelhandelsbetriebs“ kann es in Konsequenz der insoweit eindeutigen Rechtslage auch nicht im Wege stehen, daß in dem Baugebiet bisher noch kein „großflächiger Einzelhandelsbetrieb“ vorhanden war[78]. Dieser Umstand muß hier vielmehr genauso irrelevant sein wie dort, wo ein den Baugebietscharakter bestimmender qualifizierter Bebauungsplan gegeben ist.

---

78 Insoweit ist, was häufig übersehen wird (vgl. z. B. *Hüttenbrink*, DVBl. 1987, S. 1046), die Entscheidung *BVerwG*, ZfBR 1987, S. 257, auf jeden Fall überholt.

2. Die Zulässigkeit großflächiger Betriebe des Einzelhandels beim Fehlen der Zuordenbarkeit der näheren Umgebung zu einem der in der BauNVO genannten Baugebiete

Soweit keine eindeutige Zuordnung der näheren Umgebung zu einem der in der BauNVO genannten Baugebiete feststellbar ist, hat es grundsätzlich bei der Anwendung des § 34 Abs. 1 BauGB zu bleiben. Ein „großflächiger Einzelhandelsbetrieb" ist danach u. a. als zulässig anzusehen, wenn er sich nach der Art der Nutzung in die Eigenart der näheren Umgebung einfügt. Dies ist unbestrittenermaßen grundsätzlich dann anzunehmen, wenn sich in der näheren Umgebung bereits ein anderer „großflächiger Einzelhandelsbetrieb" befindet[79]. Hier können sich Einwände gegen die Errichtung eines „großflächigen Einzelhandelsbetriebs" und eine dadurch bewirkte Anhäufung von „großflächigen Einzelhandelsbetrieben" nur unter dem Gesichtspunkt des an die Stelle des § 15 Abs. 1 BauNVO tretenden, in § 34 Abs. 1 BauGB konkretisierten baurechtlichen Gebots der Rücksichtnahme ergeben[80].

Fehlt es hingegen in der näheren Umgebung am Vorliegen eines „großflächigen Einzelhandelsbetriebs", so soll nach dem Urteil des *BVerwG*[81] vom 22. 5. 1987 (4 C 6 und 7/85) der in § 34 Abs. 1 BauGB angesprochene Rahmen überschritten werden. Der „großflächige Einzelhandelsbetrieb" wird danach als unzulässig bewertet, es sei denn, daß er trotz Überschreitens des Rahmens „keine bewältigungsbedürftigen Spannungen erzeugt oder vorhandene Spannungen nicht verstärkt und in diesem Sinn ‚harmonisch' ist"[82].

Da die Errichtung eines „großflächigen Einzelhandelsbetriebs" regelmäßig mit einer Verstärkung des Verkehrs sowie mit zusätzlichen Immissionen verbunden ist[83], bedeutet dies in praxi, daß auf der Basis der bundesverwaltungsgerichtlichen Rechtsprechung grundsätzlich die Errichtung von „großflächigen Einzelhandelsbetrieben"

---

79 Vgl. statt vieler z. B. *BVerwG*, ZfBR 1987 S. 257.

80 Vgl. hierzu auch *Schlichter*, in: Stadt- und Ortskerne ohne Geschäfte?, S. 49, Fn. 19.

81 Vgl. *BVerwG*, ZfBR 1987 S. 257; ebenso in der Literatur *Bosch*, BauR 1984 S. 356; a. A. *Hüttenbrink*, BauR 1982 S. 415; *Schenke*, UPR 1986 S. 290f.

82 *BVerwG*, ZfBR 1987 S. 257; ebenso in der Literatur *Bosch*, BauR 1984 S. 356.

83 Dazu *BVerwG*, ZfBR 1986 S. 47.

in einem unbeplanten Innenbereich, der nicht den Charakter eines Gewerbe-, Industrie-, Kern- oder Mischgebiets aufweist, als unzulässig anzusehen wäre. Die Auswirkungen eines solchen Grundsatzes wären dabei besonders weitgehend, wenn man bedenkt, daß nach dem *BVerwG* vom Vorliegen eines „großflächigen Einzelhandelsbetriebs“ bereits von einer Verkaufsfläche von ca. 700 qm an ausgegangen werden kann, also einer Verkaufsfläche, bei der man bisher in der Praxis sogar die Errichtung von Einzelhandelsbetrieben im allgemeinen Wohngebiet für noch zulässig ansah.

Unter Zugrundelegung dieser Judikatur ergäbe sich im übrigen bei einer starren Orientierung an der Unterscheidung zwischen „nicht großflächiger Einzelhandelsbetrieb“ und „großflächiger Einzelhandelsbetrieb“, daß z. B. dort, wo in einem unbeplanten Innenbereich schon ein knapp unter der Verkaufsfläche von 700 qm liegender „großflächiger Einzelhandelsbetrieb“ (etwa mit 650 qm) vorhanden ist und nunmehr ein solcher mit knapp über 700 qm errichtet werden soll, letzterer prinzipiell unzulässig wäre. Dagegen müßte, wenn der schon vorhandene Einzelhandelsbetrieb unwesentlich mehr als 700 qm Verkaufsfläche aufwiese, von der Zulässigkeit eines geplanten „großflächigen Einzelhandelsgeschäfts“ mit der gleichen Fläche ausgegangen werden.

Es fragt sich jedoch, ob dieser Rechtsprechung gefolgt werden kann[84]. Dem *BVerwG* ist zunächst entgegenzuhalten, daß es für die Zulässigkeit eines Bauvorhabens nicht entscheidend darauf ankommen kann, ob genau die gleiche Art der Nutzung in einem Baugebiet vorhanden ist. Ausreichend muß vielmehr sein, ob unter Heranziehung der in der BauNVO enthaltenen sachverständigen planerischen Konkretisierungen bereits eine gleichwertige andere Nutzung in der näheren Umgebung anzutreffen ist. Dabei liefert die Aufzählung verschiedener Nutzungsarten in einer Nummer der in dem Baugebietskatalog aufgeführten Nutzungen einen Hinweis auf diese planungsrechtliche Gleichwertigkeit. Demgemäß werden z. B. in einem Mischgebiet gem. § 6 Abs. 2 Nr. 3 BauNVO Einzelhandelsbetriebe, Schank- und Speisewirtschaften sowie Betriebe des Beherbergungsgewerbes in einer Nummer aufgeführt und damit deren planungsrechtliche Gleichwertigkeit gekennzeichnet.

84 Eingehender hierzu *Schenke*, UPR 1986 S. 290f.

Wenn das *BVerwG*[85] die Bedeutung dieser Aufzählung in einer Nummer des Baugebietskatalogs in Verbindung mit seiner Rechtsprechung zu § 1 Abs. 5 BauNVO herunterzuspielen sucht, so bleibt es eine Begründung dafür schuldig, weshalb eine solche Auflistung der verschiedenen Nutzungen in einer Nummer des Baugebietskatalogs funktionslos sein soll. Unter Zugrundelegung seiner Auffassung wäre es nämlich gesetzestechnisch einzig sinnvoll gewesen, die einzelnen in einem Baugebiet zulässigen Nutzungen aneinanderzureihen, statt sie in einzelnen Nummern zusammenzufassen und zu gliedern. Daß die Koppelung verschiedener Nutzungen unter einer Nummer je nach Baugebiet unterschiedlich ausfällt[86], vermag die Auffassung des *BVerwG* jedenfalls nicht zu stützen, denn die planungsrechtliche Gleichwertigkeit von Nutzungen kann nur unter dem Blickwinkel des jeweiligen Baugebietscharakters beurteilt werden.

Bestätigt wird die hier vertretene Auffassung, derzufolge es für die Zulässigkeit eines „großflächigen Einzelhandelsbetriebs" nicht darauf ankommen kann, ob ein entsprechender „großflächiger Einzelhandelsbetrieb" bereits in der näheren Umgebung vorhanden ist, durch eine frühere Grundsatzentscheidung des *BVerwG*[87] vom 26. 5. 1978. In ihr heißt es: „Sind in der als Maßstab beachtlichen Umgebung Wohngebäude, Gewerbebetriebe ohne erhebliche Nachteile für die Umgebung, aber auch Gewerbebetriebe von stark emittierender Art vorhanden, so reicht in der Art der Bebauung der Rahmen vom Mischgebiet bis zum Industriegebiet".

Zusätzlich spricht gegen die Ansicht des *BVerwG* die Überlegung, daß entgegen dem *BVerwG* die BauNVO den „großflächigen Einzelhandelsbetrieb" ohnehin nur insofern als eine von anderen Einzelhandelsbetrieben zu unterscheidende Nutzung anspricht, als von ihm Auswirkungen der in § 11 Abs. 3 BauNVO bezeichneten Art ausgehen. Nur für derartige „großflächige Einzelhandelsbetriebe" wird eine Ausweisung als Sondergebiet gefordert.

Schließlich läßt sich gegen die Zulässigkeit einer erstmaligen Etablierung eines „großflächigen Einzelhandelsbetriebs" auch nicht dessen

85 *BVerwG*, ZfBR 1987 S. 249 (250).
86 Das führt *BVerwG*, ZfBR 1987 S. 250f., für seine Ansicht an.
87 BVerwGE 55, S. 369 (384).

negative Vorbildwirkung ins Feld führen[88]. Denn auch wenn ein „großflächiger Einzelhandelsbetrieb" sich in die nähere Umgebung einfügt, bedeutet dies keineswegs, daß damit noch ein zweiter entsprechender Betrieb zugelassen werden muß. Vielmehr kann ein solcher wegen des hierdurch hervorgerufenen zusätzlichen Verkehrs bzw. bei ihm zu befürchtender zusätzlicher Immissionen unter dem Aspekt mangelnder Erschließung bzw. wegen Nichtbeachtung des nach Auffassung des *BVerwG* in § 34 BauGB miteingeschlossenen baurechtlichen Gebots der Rücksichtnahme unzulässig sein.

Der Verzicht auf das Vorhandensein eines anderen „großflächigen Einzelhandelsbetriebs" (Entsprechendes gilt jeweils auch für „sonstige großflächige Handelsbetriebe") bei der Prüfung der Zulässigkeit eines neu zu errichtenden „großflächigen Einzelhandelsbetriebs" gem. § 34 Abs. 1 BauGB dürfte im übrigen in praxi zu durchaus vernünftigen Ergebnissen führen. „Großflächige Einzelhandelsbetriebe" sind nämlich, auch wenn sie von der Art der Nutzung her als zulässig anzusehen sind, häufig unter dem Aspekt des Maßes der baulichen Nutzung zu beanstanden. Zudem können sich gegenüber ihrer Zulässigkeit unter dem Gesichtspunkt der Immissionsbelastung sowie auch im Hinblick auf die durch § 34 Abs. 1 BauGB geforderte ausreichende Erschließung[89] Einwände ergeben.

Bestehen bleibt allerdings, daß § 34 Abs. 1 BauGB gegenüber Fernwirkungen eines „großflächigen Einzelhandelsbetriebs" in der Tat keine ausreichende Handhabe bietet[90]. Die insoweit unter städtebaulichen wie auch raumordnerischen und landesplanerischen Gesichtspunkten bestehenden Gefahren können die Gemeinden aber durch Einsatz ihres planungsrechtlichen Instrumentariums ausräumen. Im übrigen ergibt sich ohne entsprechende planerische Schritte das gerade angesprochene Problem der Fernwirkungen auch nach der Auffassung des *BVerwG* jedenfalls dann, wenn schon ein anderer „großflächiger Einzelhandelsbetrieb" vorhanden ist.

88 S. demgegenüber aber *BVerwG*, ZfBR 1986 S. 47.

89 So wird es, wie BVerwGE 68, S. 352 (358) zu Recht betont, bei „großflächigen Einzelhandelsbetrieben" häufig an einer, gemessen an dem zu erwartenden Verkehrsaufkommen, ausreichenden Erschließung fehlen.

90 Vgl. *BVerwG*, ZfBR 1987 S. 257.

Selbst wenn man aber die noch auf der Basis des § 34 BBauG gefällte Rechtsprechung des *BVerwG* billigt, läßt sie sich unter der Geltung des BauGB dann nicht mehr aufrecht erhalten, wenn ein Baugebiet jeweils (nur) Elemente eines Misch-, Gewerbe- oder Industriegebiets aufweist. Da in jedem einzelnen dieser Gebiete „großflächige Einzelhandelsbetriebe" unter den Voraussetzungen des § 11 Abs. 3 BauNVO 1986 als zulässig anzusehen wären, ist es unter Beachtung des Gleichheitssatzes zwingend geboten, daß „großflächige Einzelhandelsbetriebe" auch dort als zulässig bewertet werden müssen, wo ein Baugebiet nur Elemente von Baugebieten enthält, in denen jeweils „großflächige Einzelhandelsbetriebe" unter den Voraussetzungen des § 11 Abs. 3 BauNVO zulässig sind.

Die methodologische Rechtfertigung für dieses Ergebnis liefert die durch den Gleichheitssatz hier geforderte partielle Analogie zu § 34 Abs. 2 BauGB i. V. mit § 11 Abs. 3 BauNVO 1986. Sie verbietet zugleich, was die Art der Nutzung anbetrifft, einen Rückgriff auf § 34 Abs. 1 BauGB. Diese Analogie wirkt sich, geht man von der Position des *BVerwG* aus, zugunsten des Bauantragstellers aus. Sie kann deshalb auch unter dem Aspekt des Gesetzesvorbehalts nicht beanstandet werden. Dem *BVerwG* war sie freilich im Zeitpunkt seiner Entscheidung verwehrt. Nach dem früheren § 34 BBauG bemaß sich nämlich die Zulässigkeit eines Bauvorhabens auch dort, wo dessen nähere Umgebung einem Baugebiet nach der BauNVO entsprach, nicht lediglich gem. § 34 Abs. 3 BBauG nach der BauNVO; es bedurfte vielmehr zusätzlich eines Einfügens gem. § 34 Abs. 1 BBauG.

Gerade in diesem Punkt weicht nun jedoch § 34 BauGB bewußt von § 34 BBauG ab, indem bei den von § 34 Abs. 2 BauGB erfaßten Fällen in puncto Art der Nutzung kein Rückgriff auf § 34 Abs. 1 BauGB mehr möglich und zulässig ist. Mit der hier befürworteten Analogie wird im übrigen auch dem Gesichtspunkt Rechnung getragen, der letztlich hinter der Rechtsprechung des *BVerwG* zur Zulässigkeit „großflächiger Einzelhandelsbetriebe" im unbeplanten Innenbereich steht, nämlich jenem, daß negative Fernwirkungen eines „großflächigen Einzelhandelsbetriebs" mittels der Vorschrift des § 34 Abs. 1 BBauG nicht wirksam bekämpft werden konnten.

IV. Die Einschränkung der Errichtung großflächiger Betriebe des Handels durch planerische Maßnahmen der Gemeinden

1. Einschränkungen durch Bebauungsplan

Auch dort, wo ein großflächiger Betrieb des Einzelhandels, sei es in einem schon beplanten Gebiet, sei es im unbeplanten Innenbereich gem. § 34 BauGB, zulässig ist, kommen Einschränkungen seiner Zulässigkeit durch Aufstellung eines Bebauungsplans in Betracht, welcher die Errichtung von Einzelhandelsgeschäften über § 1 Abs. 5 oder § 1 Abs. 9 BauNVO zu verhindern sucht. Umstritten ist dabei, was unter den Begriff der Arten von Nutzungen, die nach den §§ 2, 4–9 BauNVO allgemein zulässig sind und über § 1 Abs. 5 BauNVO ausgeschlossen werden können, zu verstehen ist.

Die bisher h. M.[91] ging dabei davon aus, daß mit Art von Nutzungen nur die in einem Baugebietskatalog jeweils unter einer Nummer zusammengefaßten Nutzungsmöglichkeiten gemeint seien. Im Mischgebiet konnten demgemäß z. B. über § 1 Abs. 5 BauNVO nicht allein Einzelhandelsbetriebe ausgeschlossen werden, sondern, da in § 6 Abs. 2 Nr. 3 BauNVO Einzelhandelsbetriebe, Schank- und Speisewirtschaften sowie Betriebe des Beherbergungsgewerbes in einer Nummer aufgeführt wurden, nur diese Nutzungen insgesamt.

Für diese Ansicht sprechen m. E. neben der planungsrechtlichen Gleichwertigkeit der unter einer Nummer aufgeführten Nutzungen ein Vergleich des Wortlauts des § 1 Abs. 5 BauNVO mit § 1 Abs. 7

---

91 Vgl. z. B. *Dolde/Schlarmann*, Zulässigkeit von Vergnügungsstätten in beplanten Gebieten, BauR 1984 S. 121 (130); *Fickert/Fieseler*, BauNVO, 5. Aufl., § 1, Tn. 79 u. 101; *Hauth*, Der Ausschluß bestimmter Arten von baulichen Nutzungen bzw. Anlagen durch (einfachen) Bebauungsplan gem. § 1 Abs. 5 und Abs. 9 BauNVO, BauR 1986 S. 648; *Hüttenbrink*, Können die Gemeinden oder die Baugenehmigungsbehörden die Ansiedlung von nicht großflächigen Einzelhandelsbetrieben oder Verbrauchermärkten in ausgewiesenen Misch-, Gewerbe- oder Industriegebieten verhindern?, DVBl. 1983 S. 530 (532); *Schenke*, UPR 1986 S. 292 f.; *Schlez*, BauNVO, 1978, § 1, Rdnr. 18; a. A. *BadWürttVGH*, Urteil v. 19. 9. 1984, AZ 3 S 1613/83, S. 19.

Nr. 1 BauNVO, ferner der Zusammenhang mit § 1 Abs. 9 BauNVO sowie die Entstehungsgeschichte[92] des § 1 Abs. 5 BauNVO. Auch die Praxis ging in Anlehnung an Nr. 2.1 des Mustererlasses der Arbeitsgemeinschaft der für das Bauwesen zuständigen Minister und Senatoren der Länder (ARGEBAU zur BauNVO von 1977) überwiegend von diesem Standpunkt aus.

Das *BVerwG*[93] hat diese Auslegung jedoch nunmehr mit einer wenig überzeugenden Begründung verworfen und die Ansicht vertreten, daß auch eine einzelne innerhalb einer Nummer des Baugebietskatalogs aufgeführte Nutzung ausgeschieden werden kann. Voraussetzung für die Zulässigkeit der Einschränkung von Nutzungen gem. § 1 Abs. 5 BauNVO ist freilich zunächst auch hier die Beachtung der allgemeinen planungsrechtlichen Grundsätze des § 1 Abs. 4–6 BauGB[94].

Eine fehlerhafte Ausübung des Planungsermessens kann z. B. dann gegeben sein, wenn nur eine einzelne Nutzungsart aus Anlaß eines konkreten Bauantrags ausgeschlossen wird, ohne daß diese Festsetzung in eine umfassende planerische Konzeption eingebettet ist[95, 96]. Auch eine lediglich auf ein einzelnes Grundstück bezogene individuelle planerische Festsetzung vermag, obschon sie als solche noch nicht zur Rechtswidrigkeit des Bebauungsplans führt, ein Indiz dafür zu bilden, daß das Abwägungsgebot des § 1 Abs. 6 BauGB verletzt wurde[97]. Voraussetzung für eine ermessensfehlerfreie planerische Gestaltung ist überdies, daß sich der Gemeinderat eine ausreichende tatsächliche Basis für seine planerischen Entscheidungen verschafft; das wird bei einem Ausschluß von Einzelhandelsbetrieben im Regelfall die Einholung einer Marktanalyse[98] erforderlich machen.

Wegen eines Abwägungsdefizits ist ferner dann von der Rechtswidrigkeit eines Bebauungsplans auszugehen, wenn die Interessen des

---

92 Vgl. BR-Drucks. 261/77 S. 18.

93 Vgl. *BVerwG*, ZfBR 1987 S. 249 ff.

94 Dazu *Dolde/Schlarmann*, BauR 1984 S. 133; *Frank*, NVwZ 1987 S. 370; *Hauth*, BauR 1986 S. 655.

95 Vgl. auch *Dolde/Schlarmann*, BauR 1984 S. 133.

96 Allerdings führt der Umstand, daß ein Bebauungsplan erst aus Anlaß eines konkreten Bauantrags erlassen wurde, noch nicht notwendigerweise zur Fehlerhaftigkeit der Planung, vgl. *Bröll*, ZfBR 1986 S. 278.

97 Vgl. *BVerwG*, NJW 1977 S. 400 (401).

98 Vgl. *Schenke*, UPR 1986 S. 293.

Grundstückseigentümers nicht oder nicht in ausreichender Weise in den Abwägungsprozeß mit eingebracht werden[99]. Dabei ist in diesem Zusammenhang insbesondere auch zu erwägen, welche anderweitigen wirtschaftlichen Verwendungsmöglichkeiten für den Grundstückseigentümer hinsichtlich seines Grund und Bodens bestehen. Unzulässig mangels einer hinreichend konkreten Abwägung ist es auch, bestimmte Arten von Nutzungen in undifferenzierter Weise für das gesamte Gemeindegebiet oder jedenfalls für wesentliche Teile desselben auszuschließen[100]. Ohnehin ist im übrigen zu beachten, daß § 1 Abs. 5 BauNVO die Basis für die Einschränkung baulicher Nutzungsmöglichkeiten nur in Verbindung mit der Festsetzung eines Gebietstypen gem. §§ 2ff. BauNVO statuierenden Bebauungsplans bildet.

Bei der Ausübung des Planungsermessens sind zusätzlich dem Satzungsgeber vorgegebene planungsrechtliche Entscheidungen der BauNVO zu berücksichtigen, so die in § 11 Abs. 3 S. 3 BauNVO 1977 bzw. 1986 aufgestellten Vermutungsregelungen[101]. Mit normativen Grundvorgaben der BauNVO nicht in Einklang zu bringen ist es ferner, wenn man einen Einzelhandelsbetrieb im Geltungsbereich eines Gewerbe- oder Industriegebiets allein mit der Begründung ausschließt, daß bei solchen Gebieten eine ausreichende Zuordnung von Einzelhandelsbetrieben zum Wohnen nicht gewährleistet sei.

Man mag die Entscheidung der BauNVO, Einzelhandelsbetriebe in Gewerbe- und Industriegebieten zuzulassen, unter städtebaulichen Aspekten als problematisch ansehen[102]. Solange diese Regelung jedoch besteht, ist sie zu respektieren. Es müssen deshalb in concreto besondere Gesichtspunkte gegeben sein, wenn die Einschränkung der Zulässigkeit von Einzelhandelsbetrieben entgegen der Grundsatzregelung der BauNVO gerechtfertigt werden soll.

Aus ähnlichen Erwägungen ist es auch als rechtswidrig anzusehen, wenn, wie in der Presse[103] berichtet, durch einen Vertrag zwischen

---

99 Vgl. hierzu näher *Frank*, NVwZ 1987 S. 370ff.

100 Vgl. *Hauth* BauR 1986 S. 655.

101 Vgl. *Schenke*, UPR 1986 S. 293.

102 Bedenken klingen insoweit bei *BVerwG*, ZfBR 1987 S. 254 (255) an.

103 Vgl. o. V., Droht Todesstoß für Großflächen?, in: Lebensmittel-Zeitung, Nr. 33, 14. 8. 1987 S. 7.

allen Kommunen im Großraum Hannover durch diese die Verpflichtung eingegangen wird, mittels ihrer Planung auf die Untersagung von Einzelhandelsobjekten über 1200 qm außerhalb von Einkaufszentren und städtischen Einkaufsläden hinzuwirken. Der Sache nach liefe dies darauf hinaus, die durch den Verordnungsgeber bewußt flexibel ausgestaltete Norm des § 11 Abs. 3 BauNVO mittels des gemeindlichen Planungsrechts so umzugestalten, daß diese im Großraum Hannover zu einer absoluten Höchstgeschoßflächenregelung wird. Die Grundsatzregelung der BauNVO umzustoßen, fehlt es jedoch dem kommunalen Satzungsgeber an der erforderlichen Kompetenz. Davon abgesehen ist eine vertragliche Bindung des normativen Planungsermessens der Gemeinde rechtswidrig [104] und muß konsequenterweise schon aus diesem Grund auch auf die an einem solchen Vertrag orientierte Ausübung des Planungsermessens durchschlagen und damit zur Rechtswidrigkeit und Nichtigkeit eines entsprechenden Bebauungsplans führen.

Eine unabdingbare Rechtmäßigkeitsvoraussetzung einer auf § 1 Abs. 5 BauNVO gestützten Untersagung von Einzelhandelsbetrieben ist ferner, daß die allgemeine Zweckbestimmung des Baugebiets gewahrt bleibt. Eine solche wird durch den Ausschluß von Einzelhandelsbetrieben (wie erst recht durch den von großflächigen Betrieben des Einzelhandels), sofern andere gewerbliche Nutzungen möglich bleiben, grundsätzlich nicht in Frage gestellt [105]. Etwas anderes dürfte nur bei einem Ausschluß von Einzelhandelsbetrieben in Kerngebieten anzunehmen sein [106]. Falls andere gewerbliche Nutzungen, obschon rechtlich möglich, aus faktischen Gründen ausgeschlossen sind und nunmehr auch Einzelhandelsbetriebe durch einen Bebauungsplan rechtlich untersagt werden, mögen sich, was bisher nicht näher untersucht wurde, hier ebenfalls Kollisionen mit § 1 Abs. 5 BauNVO ergeben.

---

104 Vgl. *BVerwG*, DÖV 1981 S. 878 f.; sowie *Löhr* in: *Battis/Krautzberger/Löhr*, BauGB, 2. Aufl., 1987, § 10, Rdnr. 6.

105 Zutreffend *BayVGH*, BayVBl. 1986 S. 114 (115); ferner *BayVGH*, BRS 46 Nr. 20, S. 49 ff. und *HessVGH*, BRS 44 Nr. 44, S. 104 f.

106 So auch *Birk*, Verkaufsflächenbegrenzung – Branchenausschluß? Mögliche Planinhalte und Festsetzungen nach geltendem Recht, in: Stadt- und Ortskerne ohne Geschäfte?, S. 51 (58).

Eine reine Verhinderungsplanung wird durch § 1 Abs. 5 BauNVO auf jeden Fall ausgeschlossen[107], da Festsetzungen nach § 1 Abs. 5 BauNVO gem. § 1 Abs. 1 BauNVO nur im Rahmen der positiven Feststezung eines Baugebiets zulässig sind. Ein lediglich auf den Konkurrentenschutz gestützter Ausschluß von Einzelhandelsbetrieben ist gem. § 1 Abs. 5 BauNVO nicht möglich, da eine derartige Zielsetzung außerhalb des mit einem Bebauungsplan gem. § 1 BauGB zulässigerweise verfolgbaren Zwecks liegt. Als rechtswidrig ist es auch anzusehen, wenn Einzelhandelsbetriebe in einem Baugebiet deshalb ausgeschlossen werden, weil kein Bedürfnis für sie besteht[108]. Die Rechtswidrigkeit einer solchen Festsetzung wird nicht zuletzt durch Art. 12 GG indiziert.

Zulässig ist es hingegen, wenn im Hinblick auf den besonderen, in anderer Weise ökonomisch nicht sinnvoll deckbaren Bedarf einer Gemeinde an Grund und Boden für die Ansiedlung bestimmter Gewerbebetriebe[109] eine Nutzungseinschränkung wie das Verbot von Einzelhandelsgeschäften ausgesprochen wird. Freilich ist hierbei das Übermaßverbot zu beachten; zudem muß eine solche anderweitige Nutzung auch als wirtschaftlich reale Möglichkeit bestehen, da sonst eine getarnte rechtswidrige Verhinderungsplanung vorläge. Ein städtebaulich nicht zu beanstandender Gesichtspunkt, der für eine auf § 1 Abs. 5 BauNVO gestützte Einschränkung spricht, kann es ferner sein, wenn hierdurch einer drohenden Verödung der Innenstadt oder aber einer Gefährdung der verbrauchernahen Versorgung der Bevölkerung (s. § 1 Abs. 5 Nr. 8 BauGB) entgegengewirkt werden soll.

§ 1 Abs. 9 BauNVO erlaubt der Gemeinde bei Anwendung der Abs. 5 – 8 stärker ins einzelne gehende Differenzierungen, indem nur bestimmte Arten der in dem Baugebiet allgemein oder ausnahmsweise zulässigen baulichen Anlagen für zulässig oder nicht zulässig erklärt werden oder nur ausnahmsweise zugelassen werden können. Unter Arten von Anlagen sind dabei nach der neueren Judikatur des

---

107 Vgl. auch *Hauth*, BauR 1986 S. 654; s. als Beispiel für eine solche negative Festsetzung *BVerwG*, DVBl. 1973 S. 635.

108 Nicht überzeugend daher *Schwerdtner*, Einkaufszentren als Rechtsproblem, BauR 1986, S. 253 (257).

109 Vgl. auch *Schlotterbeck*, VBlBW 1986 S. 365.

BVerwG[110] nicht einzelne Nutzungen, die in einer Nummer des Baugebietskatalogs zusammengefaßt sind, zu verstehen. Vielmehr sollen hiermit Unterarten von Nutzungen angesprochen sein.

Darunter ist nach der Rechtsprechung des *BVerwG* nicht, wie dies bisher durch die h. M. [111] angenommen wurde, eine Reduzierung der zulässigen Verkaufsfläche von Einzelhandelsbetrieben subsumierbar. Eine solche läßt sich vielmehr nur dann auf § 1 Abs. 9 BauNVO stützen, wenn diese Verkaufsflächenreduzierung (ähnliches dürfte auch für eine Sortimentsbegrenzung gelten) zugleich eine Bestimmung eines besonderen Typs von Anlagen darstellt. So kann z. B. durch die Zulassung von Einzelhandelsbetrieben nur bis zu einer bestimmten Verkaufsfläche ein der Versorgung des Gebiets dienender Laden umschrieben werden und dieser Typ von Anlagen je nach den konkreten Verhältnissen einer Gemeinde durch unterschiedliche Verkaufsflächengrenzen gekennzeichnet sein.

Das *BVerwG* trennt damit das Tatbestandsmerkmal „Art von Anlagen" von der (nicht über § 1 Abs. 9 BauNVO regulierbaren) Frage des Maßes der baulichen Nutzung. Letztere bemißt sich ausschließlich nach § 17 BauNVO[112]. Damit ergibt sich eine beachtliche Einschränkung des von der Gemeinde bisher benutzten Planungsinstrumentariums. Dieses wird noch zusätzlich dadurch entschärft, daß für die über § 1 Abs. 9 BauNVO beabsichtigte Feingliederung zusätzliche „besondere städtebauliche Gründe" sprechen müssen.

Unter „besonderen städtebaulichen Gründen" sind dabei im Einklang mit der Rechtsprechung des *BVerwG*[113] solche Gründe zu verstehen, die gerade für den spezifischen Ausschluß einzelner Anlagen im Gegensatz zu den sonst im Baugebiet zulässigen sprechen. Damit soll der hier in besonderem Maße bestehenden Gefahr von Manipulationen entgegengewirkt werden.

Zusätzliche Begrenzungen resultieren daraus, daß Festsetzungen gem. § 1 Abs. 9 BauNVO nur in Anwendung des § 1 Abs. 5–8 BauNVO möglich sind. Auch hier darf also durch eine positive oder

---

110 Vgl. *BVerwG*, ZfBR 1987 S. 252.
111 Vgl. z. B. *Schenke*, UPR 1986 S. 292f.
112 So schon früher *Birk*, in: Stadt- und Ortskerne ohne Geschäfte?, S. 58.
113 Vgl. *BVerwG*, ZfBR 1987 S. 252.

negative Festsetzung die allgemeine Zweckbestimmung des Baugebiets nicht beeinträchtigt werden.

Aus der neueren Rechtspechung des *BVerwG* ergibt sich ferner, daß es unzulässig ist, wenn Gemeinden für einzelne Baugebiete, gestützt auf § 1 Abs. 9 BauNVO, eine Höchstgesamtfläche für die in einem Baugebiet zulässigen Einzelhandelsbetriebe vorzuschreiben versuchen[114]. Eine derartige Normierung, derzufolge die zulässige Fläche eines Einzelhandelsgeschäfts davon abhängt, inwieweit schon die zur Verfügung stehende Gesamtverkaufsfläche durch andere im Baugebiet angesiedelte Einzelhandelsgeschäfte aufgebraucht ist, müßte auch unter dem Aspekt des Abwägungsgebots des § 1 Abs. 5–7 BBauG erhebliche Bedenken hervorrufen. Es hinge hier vom Zufall ab, in welchem Maß ein konkretes Grundstück noch nutzbar ist. Zugleich würden hierdurch der rechtsstaatliche Grundsatz der Bestimmtheit der Planung tangiert wie auch ein dem Bauplanungsrecht fremder Prioritätsgrundsatz eingeführt.

2. Einschränkungen durch Veränderungssperre bzw. Zurückstellung eines Baugesuches

Eine Veränderungssperre (§ 14 BauGB) bzw. die Zurückstellung eines Baugesuchs (§ 15 BauGB) verlangt einen Beschluß über die Aufstellung eines Bebauungsplans[115], zu dessen Sicherung nach näherer Maßgabe des § 14 BauGB bzw. des § 15 BauGB die genannten planungsrechtlichen Instrumente eingesetzt werden können.

Dabei setzen sie, entgegen einer früher verschiedentlich vertretenen Ansicht[116], keine inhaltliche Konkretisierung der beabsichtigten Planung im Planaufstellungsbeschluß (einschließlich seiner Anlagen) voraus; es genügt vielmehr, wenn bei Erlaß der Veränderungssperre bzw. der Zurückstellung des Baugesuchs ein Mindestmaß dessen erkenntlich ist, was den Inhalt der zu erwartenden Regelung bilden soll[117]. Das Erfordernis einer solchen Konkretisierung ergibt

114 Überzeugend *Birk*, in: Stadt- und Ortskerne ohne Geschäfte?, S. 58.

115 Vgl. *BVerwG*, NJW 1977 S. 405 (406).

116 Vgl. z.B. BGHZ 54, S. 124 (128).

117 Vgl. *Krautzberger* in: *Battis/Krautzberger/Löhr*, BauGB, § 14, Rdnr. 9; *BVerwG*, NJW 1977 S. 401; NJW 1977 S. 406; *BGH*, ZfBR 1982 S. 131 (132).

sich dabei daraus, daß ohne sie nicht festgestellt werden könnte, ob der Erlaß der Veränderungssperre bzw. die Zurückstellung des Baugesuchs zur Sicherung der Planung erforderlich ist; ein derartiges Postulat ist aber nicht zuletzt auch eine Konsequenz der verfassungsrechtlichen Eigentumsgarantie.

Der Planungsinhalt muß im übrigen in einer Weise verläßlich fixiert sein, die es der Gemeinde ggf. in einem späteren Prozeß ermöglicht nachzuweisen[118], daß im Zeitpunkt des Erlasses der Veränderungssperre bereits hinreichend konkrete Planziele bestanden. Haben sich die Planungsabsichten dabei schon so weit verdichtet, daß die Gemeinde einen Bebauungsplan mit einem Inhalt anstrebt, der nicht in rechtmäßiger Weise erlassen werden kann, so sind auch die Zurückstellung eines Baugesuchs gem. § 15 BauGB wie auch der Erlaß einer Veränderungssperre, die der Sicherung der Bauleitplanung dienen soll, rechtswidrig[119]. Die Sicherung einer rechtlich nicht realisierbaren planerischen Absicht der Gemeinde ist naturgemäß durch die §§ 14f. BauGB nicht gedeckt; sie ist auch unter dem Aspekt des im Rechtsstaatsprinzip zentrierten Übermaßverbots zu beanstanden. Demzufolge sind z. B. die in der kommunalen Praxis häufig anzutreffenden Veränderungssperren zur Sicherung undifferenzierter, auf § 1 Abs. 5 und 9 BauNVO gestützter Verkaufsflächenreduzierungen von Einzelhandelsbetrieben als rechtswidrig und nichtig zu beurteilen.

Eine wirksame Veränderungssperre tritt gem. § 17 Abs. 1 S. 1 BauGB (sofern sie nicht von vornherein kürzer befristet ist) nach Ablauf von zwei Jahren außer Kraft. Auf die Zweijahresfrist ist dabei der seit der ersten Zurückstellung eines Baugesuchs nach § 15 Abs. 1 BauGB abgelaufene Zeitraum anzurechnen. Eine analoge Anwendung des § 17 Abs. 1 S. 2 BauGB ist in den Fällen einer sog. faktischen Zurückstellung eines Baugesuchs geboten[120], bei denen über einen Bauantrag (bzw. eine Bauvoranfrage) nicht in angemessener Zeit bzw. rechtswidrig ablehnend entschieden wurde. Hier läuft die

---

118 Vgl. *Battis/Krautzberger/Löhr*, BauGB, § 14, Rdnr. 9; *Meyer/Stich/Tittel*, BBauG, 3. Aufl. 1979, § 14, Rdnr. 2; *BGH*, ZfBR 1982 S. 132.

119 Vgl. z. B. *Gelzer*, Bauplanungsrecht, 4. Aufl., 1984, Rdnr. 1312; *OVG Bremen*, BRS 32 Nr. 89; *OVG Saarland*, Urt. v. 8. 1. 1979 – II R 19/78.

120 Vgl. *BVerwG*, NJW 1971 S. 445 u. NJW 1977 S. 400 (404).

anzurechnende Frist von dem Zeitpunkt an, in dem bei ordnungsgemäßer Behandlung des Antrags hätte entschieden werden müssen, bzw. vom Moment des Ergehens der rechtswidrigen Ablehnung an. Wenn besondere Umstände es erfordern, kann die Gemeinde gem. § 17 Abs. 2 BauGB mit Zustimmung der nach Landesrecht zuständigen Behörde die Frist für die Geltung der Veränderungssperre bis zu einem Jahr nochmals verlängern. Ein Baugesuch kann gem. § 15 Abs. 1 BauGB für einen Zeitraum bis zu 12 Monaten ausgesetzt werden; auch insoweit ist der Zeitraum, während dessen eine faktische Zurückhaltung des Baugesuchs stattfand, anzurechnen[121].

Läßt sich absehen, daß ein Bauvorhaben wie die Errichtung eines großflächigen Betriebs des Einzelhandels mit den planerischen Absichten der Gemeinde im Einklang steht, so ergeben sich (falls nicht ohnehin schon die Voraussetzungen des § 117 Abs. 3 BauGB vorliegen) jedenfalls im Wege einer verfassungskonformen Auslegung des § 14 Abs. 2 BauGB eine Ermessensreduzierung auf Null und damit ein Rechtsanspruch auf Erteilung eines positiven Baubescheids. Dem steht nicht entgegen, daß § 14 Abs. 2 BauGB sonst die Zulassung einer Ausnahme von der Veränderungssperre bei nicht entgegenstehenden öffentlichen Belangen in das Ermessen der Baugenehmigungsbehörde stellt[122]. Ohnehin ist im übrigen unter den Voraussetzungen des § 33 Abs. 1 BauGB trotz Bestehens einer Veränderungssperre ein Bauvorhaben zuzulassen[123].

3. Schadensersatz- bzw. Entschädigungsansprüche bei Festsetzungen gem. § 1 Abs. 5 und 9 BauNVO

Soweit Einschränkungen der Errichtung von Einzelhandelsbetrieben nicht unter Berücksichtigung der angesprochenen Grundsätze erfolgen, ergibt sich für die Gemeinden eine Schadensersatzverpflichtung aus § 839 BGB i.V. mit Art. 34 GG. Der *BGH*[124] hat unter Ände-

---

121 Vgl. *Krautzberger* in: *Battis/Krautzberger/Löhr*, BauGB, § 15, Rdnr. 6.

122 Zu einem anderen Fall, bei dem sich aus verfassungsrechtlichen Gründen eine Ermessensreduzierung auf Null ergibt (rechtswidrige Versagung vor Inkrafttreten der Veränderungssperre), vgl. *BVerwG*, NJW 1968 S. 2350.

123 Vgl. *Krautzberger* in: *Battis/Krautzberger/Löhr*, BauGB, § 14, Rdnr. 19; *Bad-WürttVGH*, NJW 1986 S. 149.

124 Vgl. *BGH*, NJW 1984 S. 2516f.

rung seiner Rechtsprechung sich nunmehr der in der Literatur[125] schon früher vertretenen Ansicht angeschlossen, dergemäß auch bei normativem Unrecht durch Satzungen Schadensersatzansprüche wegen Amtspflichtverletzung zu befürworten sind. Auch bei einer zulässigen Einschränkung von Einzelhandelsbetrieben über § 1 Abs. 5 und 9 BauNVO ist zudem zu beachten, daß sie nach näherer Maßgabe des § 42 BauGB einen Entschädigungsanspruch wegen Wertminderung des Grundstücks nach sich ziehen können.

Daneben ist der Vertrauensschaden, der dem Eigentümer oder sonstigen Nutzungsberechtigten im Vertrauen auf den Fortbestand einer Nutzungsmöglichkeit entstand (z. B. durch Kosten für ein Architektenhonorar), gem. § 39 BauGB zu ersetzen. Diese Vorschrift ist dabei, wie von mir an anderer Stelle näher ausgeführt[126], analog auf den Fall anzuwenden, bei welchem sich die zunächst gegebene bauliche Nutzungsmöglichkeit nicht aus einem Bebauungsplan, sondern aus § 34 BBauG bzw. nunmehr § 34 BauGB ableiten ließ.

V. Der Rechtsschutz Dritter gegen die Erteilung einer Baugenehmigung

Die Frage nach dem Rechtsschutz Dritter gegen die Erteilung der Baugenehmigung (bzw. eines Bauvorbescheids) für einen großflächigen Betrieb des Einzelhandels stellt sich im Verhältnis zur Gemeinde (dazu unter 1), zu Nachbarn (dazu unter 2), ferner aber auch in der Relation zu Konkurrenten (dazu unter 3).

---

125 Vgl. *Schenke*, Die Haftung des Staates bei normativem Unrecht, DVBl. 1975, S. 121 ff. und *Papier*, in: Münchener Kommentar, Bd. 3, Bürgerliches Gesetzbuch, Schuldrecht Besonderer Teil, 2. Halbband, 2. Aufl. 1986, § 839, Rdnrn. 220 f.

126 Vgl. *Schenke*, Der Aufwendungsersatz beim Ausschluß einer gem. §§ 34 f. BBauG bestehenden baulichen Nutzungsmöglichkeit durch einen Bebauungsplan, DÖV 1987 S. 45 ff.; s. auch *Birk*, Tendenzen des Planungsschadensrechts, NVwZ 1984 S. 1 (5); *Brügelmann/Pohl*, BBauG, § 39 j, Anm. III, 2; *Gaentzsch*, BBauG, 3. Aufl. 1977, § 39 j, Rdnr. 3; für § 39 BauGB nunmehr ebenso *Battis* in: *Battis/Krautzberger/Löhr*, BauGB, § 39, Rdnr. 7.

1. Der Rechtsschutz der Gemeinde gegen die Genehmigung eines großflächigen Betriebs des Einzelhandels

Die Frage nach einem solchen Rechtsschutz ergibt sich einmal hinsichtlich solcher Einzelhandelsbetriebe, die im Gemeindegebiet errichtet werden sollen (dazu unter a), ferner aber auch bezüglich außerhalb des Gemeindegebiets angesiedelter großflächiger Betriebe (dazu unter b).

a) Der Rechtsschutz der Gemeinde gegen die Erteilung von Baugenehmigungen für großflächige Betriebe des Einzelhandels im Gemeindegebiet

Soweit die Baurechtsbehörde unter Außerachtlassung planerischer Festsetzungen einer Gemeinde für das Gemeindegebiet eine Baugenehmigung (oder einen Bauvorbescheid) erteilt, kann die Gemeinde eine Verletzung ihres die kommunale Planungshoheit umfassenden Selbstverwaltungsrechts geltend machen. Das trifft auch dann zu, wenn eine Genehmigung unter Verstoß gegen § 11 Abs. 3 BauNVO erfolgte. Soweit eine Gemeinde etwa ein Gewerbe- oder Industriegebiet festsetzt, bringt sie hiermit zugleich zum Ausdruck, daß sie hier Bauvorhaben nur insoweit zulassen will, als sich diese im Rahmen der planerischen Festsetzungen i. V. mit den §§ 8, 9 BauNVO bewegen und die diese begrenzende Norm des § 11 BauNVO nicht angetastet wird.

Im Fall des Fehlens eines qualifizierten Bebauungsplans wird die kommunale Planungshoheit durch § 36 BauGB gesichert. Gegen eine ohne Erteilung des gemeindlichen Einvernehmens ausgesprochene Baugenehmigung (bzw. einen Bauvorbescheid) kann mittels einer Anfechtungsklage durch die Gemeinde vorgegangen werden. Die Klage ist selbst dann erfolgreich und führt zur Aufhebung der Baugenehmigung, wenn der Bauherr einen Rechtsanspruch auf die Erteilung des beantragten Baubescheids besitzt[127]. Die eine Aufhebung von Verwaltungsakten ausschließende Vorschrift des § 46 LVwVfG[128] findet hier keine Anwendung, da die Gemeinde bei

127 *BVerwG*, NVwZ 1986 S. 556.

128 Zu dieser Vorschrift näher *Schenke*, Der verfahrensfehlerhafte Verwaltungsakt gem. § 46 VwVfG, DÖV 1986 S. 305 ff.

Kenntnis des Bauvorhabens bzw. von dessen Rechtmäßigkeit regelmäßig die Möglichkeit einer planerischen Festsetzung besitzt, durch welche der Rechtsanspruch auf Erlaß der Baugenehmigung tangiert werden kann. Damit kann aber nicht gesagt werden, daß auch ohne den Verfahrensfehler hier keine andere Entscheidung in der Sache hätte getroffen werden können.

b) Der Rechtsschutz der Gemeinde gegen die Errichtung großflächiger Betriebe des Einzelhandels außerhalb des Gemeindegebiets

Noch weitgehend ungeklärt ist die Frage, inwieweit eine Gemeinde gegen die Zulassung von Einkaufszentren und Einzelhandelsgroßprojekten gem. § 11 Abs. 3 BauNVO 1968, 1976 und 1986 vorgehen kann. Sofern ein solches Projekt auf einem Bebauungsplan beruht, in welchem ein Sondergebiet für „großflächige Einzelhandelsbetriebe" bzw. ein Einkaufszentrum festgesetzt wird, ist in der Rechtsprechung eine Antragsbefugnis der Nachbargemeinde gem. § 47 Abs. 2 S. 1 VwGO teilweise bejaht worden. So hat der *BadWürtt-VGH*[129] hier die Antragsbefugnis mit dem Argument befürwortet, daß die Nachbargemeinde „durch die Anwendung des angegriffenen Bebauungsplans i.S. des § 47 Abs. 2 VwGO einen Nachteil erleidet, denn für sie bedeutet die Erteilung der Baugenehmigung für einen Großverbrauchermarkt ..., objektiv gesehen, eine – unmittelbare – nachteilige Beeinflussung der tatsächlichen Verhältnisse".

Da diese Rechtsprechung von der höchst anfechtbaren – durch die neuere Rechtsprechung[130] des *BVerwG* abgelehnten – Auffassung ausgeht, für den Begriff des Nachteils genüge ein tatsächlicher Nachteil, nicht sei jedoch eine Beeinträchtigung rechtlich geschützter Interessen erforderlich, läßt sich ihr für eine Anfechtungsbefugnis der Nachbargemeinde gegenüber einer aufgrund des Bebauungs-

---

129 Vgl. *BadWürttVGH*, BRS 30 Nr. 24, S. 55 (56); *OVG Rheinland-Pfalz*, BRS 40 Nr. 33, S. 80 (81); *Gehrmann*, Kommunale Planungshoheit und Verbrauchermärkte, UPR 1985 S. 11 ff. sowie *ders.*, Bauregelungsverordnung und Baunutzungsverordnung, GewArch. 1985 S. 249 ff.; a.A. *OVG Lüneburg*, ZfBR 1983 S. 246; dahin tendierend wohl nun auch *BadWürttVGH*, VBlBW 1987 S. 461 (462).

130 BVerwGE 59, S. 87 f.

plans erteilten Baugenehmigung kein Anhaltspunkt entnehmen. Allerdings hat der *BadWürttVGH*[131] auch in einem solchen Fall eine Klagebefugnis für eine Anfechtungsklage der Nachbargemeinde gegen die Genehmigung des Großverbrauchermarkts befürwortet.

In Anbetracht des Umstands, daß die Vorschrift des § 11 BauNVO keine Hinweise für die Begründung subjektiver Rechte der Nachbargemeinde beinhaltet und bei der Zulassung raumordnerisch und landesplanerisch relevanter Bauvorhaben auch die Raumordnungs- und Landesplanungsgesetze nicht auf die Konstituierung subjektiver Rechte der Gemeinde gerichtet sind[132], können solche allenfalls aus dem Selbstverwaltungsrecht einer Gemeinde abgeleitet werden. Bedenkt man, daß die Planungshoheit der Gemeinde nach heute h.M. einen zentralen Bestandteil des Selbstverwaltungsrechts darstellt[133], so wird jedenfalls dort, wo schon bestehende gemeindliche Planungen einer Nachbargemeinde in schwerwiegender Weise beeinträchtigt werden, das für die Klagebefugnis erforderliche rechtliche Betroffensein der Nachbargemeinde zu befürworten sein.

Ein solcher Ansatz liegt in der Logik der sonst im Nachbarrecht feststellbaren Begründung subjektiver Rechte unter unmittelbarem Rückgriff auf Grundrechte[134] und deren Aktivierung auch gegenüber mittelbaren faktischen Beeinträchtigungen. Ebenso wie im Grundrechtsbereich nicht jede faktische Auswirkung einer Baugenehmigung, die zu einem Grundrechtseingriff beim Nachbarn führt, vielmehr nur gewichtige Beeinträchtigungen die Qualität eines Grundrechtseingriffs aufweisen, ist Entsprechendes jedoch in Verbindung mit den mittelbaren Beeinträchtigungen, die sich aus der Zulassung eines Bauvorhabens in der Nachbargemeinde ergeben, anzunehmen. Auch hier implizieren nur schwerwiegende mittelbare Beeinträchtigungen des Selbstverwaltungsrechts einen Eingriff in

---

131 *BadWürttVGH*, BRS 30 Nr. 145, S. 263 ff.; *OVG Nordrhein-Westfalen*, BRS 35 Nr. 32, S. 86 ff. und BRS 46 Nr. 170, S. 391 ff.; s. auch *Berg*, Einzelhandels-Großprojekte aus kommunal- und baurechtlicher Sicht, in: Einzelhandels-Großprojekte, Ihre raumordnungspolitische und rechtliche Beurteilung, Arbeitsmaterialien der Akademie für Raumforschung und Landesplanung (Hrsg.), 1984, S. 89 ff.

132 So richtig *BadWürttVGH*, VBlBW 1987 S. 464.

133 Vgl. *OVG Münster*, BRS 35 Nr. 32, S. 87 und BRS 46 Nr. 170, S. 391.

134 Vgl. hierzu *Schenke*, Baurechtlicher Nachbarschutz, NuR 1983 S. 81 (86 ff.).

den Schutzbereich des verfassungsrechtlich verbürgten Selbstverwaltungsrechts. Allein dies trägt dem Umstand Rechnung, daß gewisse Begrenzungen planerischer Entscheidungen einer Gemeinde sich zwangsläufig aus den Planungen von Nachbargemeinden ergeben müssen.

Dem korrespondierend dürfte keineswegs bei jeder Genehmigung eines großflächigen Betriebs des Einzelhandels von einem subjektivrechtlichen Betroffensein der Nachbargemeinde auszugehen sein, wohl aber dann, wenn ein solcher großflächiger Betrieb nach Art und Größe geeignet ist, in erheblichem Umfang Kaufkraft aus anderen Gemeinden abzuziehen, wie dies etwa in dem Fall zutraf, in welchem ein 20000 qm großer Verbrauchermarkt in der als Unterzentrum ausgewiesenen Nachbargemeinde einer selbst ein Mittelzentrum darstellenden Gemeinde errichtet wurde. Der Umstand, daß die Bebauungspläne der Gemeinde unmittelbar keine rechtliche Verbindlichkeit für die Nachbargemeinde haben, steht hier ihrer subjektivrechtlichen Relevanz auch in der Relation zu dieser nicht im Wege. Dafür bietet nicht zuletzt auch die auf dem Hintergrund eines solchen Verständnisses der Planungshoheit der Gemeinden konzipierte Norm des § 2 Abs. 2 BauGB eine Bestätigung.

Freilich ist mit der Bejahung eines solchen schwerwiegenden Eingriffs in das Selbstverwaltungsrecht noch nicht die Verletzung des Art. 28 Abs. 2 S. 1 GG dargetan. Sie kann sich aber dann ergeben, wenn der Eingriff unter Mißachtung des § 11 Abs. 3 BauNVO bzw. des § 1 Abs. 4–6 BauGB erfolgte. In einem solchen Fall begründet auch hier der Verstoß gegen die objektivrechtlichen Normen des § 11 Abs. 3 BauNVO zugleich eine Verletzung des Selbstverwaltungsrechts. So wie nämlich nach der Elfes-Rechtsprechung die Grundrechte vor jedem rechtswidrigen Eingriff schützen, selbst wenn sich diese Rechtswidrigkeit nicht unmittelbar aus einem Verstoß gegen subjektive Rechte ergibt, muß Entsprechendes im Kernbereich des Selbstverwaltungsrechts gelten[135], zu welchem die Planungshoheit der Gemeinde zählt.

---

135 Vgl. *Bethge*, DVBl. 1981 S. 914 und *ders.*, Die Verwaltung 1982, S. 205 (213); *Hoppe/Rengeling*, Rechtsschutz bei der kommunalen Gebietsreform, 1973, S. 82f.; *Püttner*, AöR Bd. 95 (1970), S. 610 (612); *Stern*, in: Bonner Kommentar zum Grundgesetz (Zweitbearbeitung), Art. 28, Rdnr. 177; ausführlich hierzu

Dementsprechend kann z. B. eine Nachbargemeinde bei schwerwiegenden Beeinträchtigungen ihrer Planungshoheit durch einen dem § 11 Abs. 3 BauNVO 1968 unterfallenden Verbrauchermarkt geltend machen, daß dieser in einem Gewerbe- oder Industriegebiet nicht zugelassen werden durfte, weil er vorwiegend der übergemeindlichen Versorgung diente. Ein Verstoß gegen Raumordnungs- und Regionalpläne kann freilich auf der Basis des § 11 Abs. 3 BauNVO 1968 nicht geltend gemacht werden, da diese Pläne für sich gesehen im Außenverhältnis zum Bürger keine unmittelbare Relevanz besitzen und sie auch über die Brücke des § 11 Abs. 3 BauNVO keine mittelbare Bedeutsamkeit erlangen. Ähnliches gilt für entsprechende Betriebe im unbeplanten Innenbereich, bei denen Vorschriften der Regional- und Landesplanung für die Zulässigkeit eines Bauvorhabens gem. § 34 Abs. 1 BauGB ebenfalls keine Beachtlichkeit zukommt.

Anders verhält es sich hingegen mit solchen Genehmigungen von großflächigen Betrieben des Einzelhandels, auf welche § 11 Abs. 3 BauNVO 1977 oder 1986 Anwendung findet. Hier vermag z. B. eine im Widerspruch zu Festsetzungen des Regionalplans erfolgte Zulassung eines Einzelhandelsgroßprojekts in einer landesplanerisch nicht qualifizierten Gemeinde sehr wohl zu einer Verletzung des Selbstverwaltungsrechts von Nachbargemeinden zu führen.

2. Der Rechtsschutz von Nachbarn gegen die Errichtung von großflächigen Betrieben des Einzelhandels

Was den Schutz von Nachbarn gegen die Zulassung großflächiger Betriebe des Einzelhandels angeht, ergibt sich hier im Geltungsbereich qualifizierter Bebauungspläne für sie regelmäßig die Möglichkeit, sich gegen die Baugenehmigung für einen solchen Betrieb mit der Begründung zur Wehr zu setzen, daß dieser von der Art der Nutzung her in dem betreffenden Baugebiet nicht zulässig ist. So kann z. B. der Nachbar (u. U. selbst dann, wenn sein Grundstück außerhalb des Geltungsbereichs des einschlägigen qualifizierten Bebauungsplans liegt) sich i. S. des § 42 Abs. 2 VwGO darauf berufen, daß sich

---

auch *Schenke*, Die Verletzung des Selbstverwaltungsrechts der Gemeinde durch die Zulassung eines Sonderbetriebsplans für das Gebiet einer Nachbargemeinde (noch unveröffentlichtes Rechtsgutachten) 1987, S. 100ff.

ein Einzelhandelsgeschäft als ein „großflächiger Einzelhandelsbetrieb“ darstellt, der als solcher im Geltungsbereich eines ein „allgemeines Wohngebiet“ festsetzenden Bebauungsplans unzulässig ist[136].

Keine nachbarschützende Funktion kommt allerdings solchen Bestimmungen zu, die, wie das z. T. bei § 11 Abs. 3 BauNVO zutrifft, nicht den Schutz der Nachbarn vor Immissionen zum Gegenstand haben, sondern auf landesplanerische und raumordnerische Gesichtspunkte (so § 11 Abs. 3 BauNVO 1977 und 1986) abstellen. Auch ein Teil der durch § 11 Abs. 3 BauNVO 1977 bzw. 1986 angesprochenen städtebaulichen Aspekte (wie z. B. jener der bei Zulassung eines „großflächigen Einzelhandelsbetriebs“ zu befürchtenden Verödung eines Gemeindezentrums oder der Gefährdung der verbrauchernahen Versorgung) bietet keinen Ansatzpunkt für eine auch insoweit zu bejahende nachbarschützende Funktion dieser Vorschrift.

Ein Verstoß gegen § 15 BauNVO kann unter Berücksichtigung der Rechtsprechung des *BVerwG* zum bebauungsrechtlichen Gebot der Rücksichtnahme dann eine subjektive Rechtsverletzung beinhalten, wenn hierdurch der Nachbar in qualifizierter und individualisierbarer Form betroffen wird[137]. Das bebauungsrechtliche Gebot der Rücksichtnahme bildet im übrigen auch den Ausgangspunkt für die in der neuen Rechtsprechung des *BVerwG* in vorsichtiger Form zu beobachtende Subjektivierung des § 34 BauGB[138].

Der Vorschrift des § 34 Abs. 3 BBauG (des Vorgängers des § 34 Abs. 2 BauGB) soll allerdings nach der – nicht unproblematischen – Rechtsprechung des *BVerwG*[139] auch i. V. mit den durch sie in Bezug genommenen Vorschriften der §§ 2 ff. BauNVO keine nachbarschützende Funktion zuzubilligen sein. Das erscheint, soweit es um die Art

136 Vgl. *Löhr*, in: *Battis/Krautzberger/Löhr*, BauGB, § 31, Rdnr. 64; zu wenig beachtet erscheint mir dieser Aspekt bei *Berg*, in: Einzelhandels-Großprojekte, Ihre raumordnungspolitische und planungsrechtliche Beurteilung, a. a. O., S. 91, wenn dieser nur darauf abstellt, daß § 11 Abs. 3 BauNVO – was in der Tat zutrifft – keinen drittschützenden Charakter hat.

137 Vgl. *BVerwG*, NJW 1984 S. 138 (139).

138 Vgl. hierzu m. w. Nachw. *Löhr* in: *Battis/Krautzberger/Löhr*, BauGB, § 31, Rdnr. 78; *BVerwG*, BRS 44 Nr. 71, S. 158 (159).

139 Vgl. *BVerwG*, BRS 44 Nr. 71, S. 158 (160 f.).

der Nutzung geht, sehr zweifelhaft, da hier, wo die tatsächliche Bebauung an die Stelle eines Planes tritt, schwerlich einzuleuchten vermag, warum zwar die für das jeweilige Baugebiet maßgeblichen Bestimmungen der BauNVO bzw. eines entsprechenden Bebauungsplans objektivrechtlich zur Anwendung kommen sollen, ihnen aber die sonst bei einem entsprechenden Bebauungsplan zum Tragen kommende Subjektivierung versagt sein soll.

Soweit durch die Zulassung eines „großflächigen Einzelhandelsbetriebs“ in das Eigentumsgrundrecht eines Nachbarn eingegriffen wird, bietet sich im übrigen auch hier – unabhängig von einer Subjektivierung unterverfassungsrechtlicher Vorschriften – eine Grundlage für einen Nachbarschutz[140]. Das wird auch durch das *BVerwG*[141] insofern anerkannt, als durch ein Bauvorhaben der Nachbar in schwerer und unerträglicher Weise in seiner Eigentumsstellung betroffen wird.

3. Der Rechtsschutz von Konkurrenten

Abzulehnen ist hingegen eine Klagebefugnis eines Konkurrenten des Betreibers eines vorgesehenen großflächigen Betriebs des Einzelhandels. Insoweit bieten weder die einfachgesetzlichen baurechtlichen Vorschriften noch die Grundrechte eine Basis für eine derartige Subjektivierung[142].

140 Vgl. hierzu näher *Schenke*, NuR 1983 S. 86ff.

141 BVerwGE 31, S. 173 (179).

142 Vgl. *OVG Münster*, BRS 30 Nr. 150, S. 272ff.; *Frank*, NVwZ 1987 S. 373.

B. Prüfungsschritte bei der Beurteilung der Zulässigkeit der Errichtung großflächiger Betriebe des Einzelhandels

Wolf-Rüdiger Schenke, Mannheim

Die folgenden Ausführungen wollen in Anlehnung an meinen Beitrag „Rechtliche Probleme bei der Ansiedlung von großflächigen Betrieben des Einzelhandels“ (in diesem Band, S. 13 ff.) aufzeigen, in welcher Weise bei der Prüfung, ob ein großflächiger Betrieb des Einzelhandels zulässig ist, verfahren werden muß. Dabei kann es in diesem Zusammenhang nur darum gehen, ein grobes Prüfungsraster zu entwerfen. Einzelne Abgrenzungsprobleme, wie sie sich etwa in Verbindung mit der in der Praxis oft große Schwierigkeiten bereitenden Unterscheidung von Innen- und Außenbereich stellen, können hier nicht weiter vertieft werden. Insoweit erweist sich der Rückgriff auf die einschlägige Kommentarliteratur und die dort nachgewiesene verwaltungsgerichtliche Rechtsprechung als unverzichtbar. Behandelt wird hier im übrigen nur die Frage, ob ein großflächiger Betrieb des Einzelhandels von der Art der Nutzung her zulässig ist. Andere Probleme, die durch die Errichtung solcher Betriebe häufig hervorgerufen werden, wie jene, ob ein solcher unter den Aspekten des Maßes der Nutzung, der hierdurch hervorgerufenen Immissionsbelastung sowie der verkehrsmäßigen Erschließung unbedenklich ist, können in diesem Zusammenhang nicht erörtert werden.

I. Liegt ein großflächiger Betrieb des Einzelhandels vor?

Vorrangig ist zunächst zu klären, ob ein geplanter Einzelhandelsbetrieb sich als „großflächiger Einzelhandelsbetrieb“ darstellt[1]. Unter

1 Zum Begriff des „großflächigen Einzelhandelsbetriebs“ s. *Schenke*, Rechtliche Probleme der Ansiedlung von großflächigen Betrieben des Einzelhandels, unter II, 3 a.

Zugrundelegung der (nicht unproblematischen) Rechtsprechung des *BVerwG*, an welcher sich die Verwaltungspraxis primär orientiert, ist dies wohl dann anzunehmen, wenn das Einzelhandelsgeschäft eine über 700 qm liegende Verkaufsfläche[2] aufweist. Wird die für einen „großflächigen Einzelhandelsbetrieb“ essentielle Mindestverkaufsfläche nicht erreicht, so ist immer noch in Betracht zu ziehen, ob das Einzelhandelsgeschäft möglicherweise in Verbindung mit anderen Betrieben ein Einkaufszentrum bildet[3]. Liegt ein Großhandelsbetrieb vor, bei dem aber auch ein Verkauf an letzte Verbraucher stattfindet (also eine Mischung von Großhandels- und Einzelhandelsbetrieb), und der insofern mit einem „großflächigen Einzelhandelsbetrieb“ vergleichbar ist, ist zu klären, ob dieser die Kriterien eines „sonstigen großflächigen Handelsbetriebs“[4] erfüllt.

II. Welchen Gebietscharakter hat der Standort?

In einem zweiten Prüfungsschritt ist zu untersuchen, ob sich der vorgesehene Standort im Geltungsbereich eines qualifizierten Bebauungsplans (§ 30 BauGB, dazu unter II.1), im Innenbereich (§ 34 BauGB, dazu unter II.2) oder im Außenbereich (§ 35 BauGB, dazu unter II.3) befindet oder, falls das Bauvorhaben sonst unzulässig wäre, für das Gebiet ein Beschluß über die Aufstellung eines Bebauungsplans (§ 33 BauGB, dazu unter II.4) existiert.

1. Großflächige Betriebe des Einzelhandels im Geltungsbereich eines qualifizierten Bebauungsplans

Ein dem § 30 BauGB unterfallender (sog. qualifizierter) Bebauungsplan ist ein solcher, der allein oder gemeinsam mit sonstigen baurechtlichen Vorschriften mindestens Festsetzungen über die Art und das Maß der baulichen Nutzung, die überbaubaren Grundstücksflächen und die örtliche Verkehrsfläche enthält.

---

2 Zum Begriff der Verkaufsfläche s. *Schenke*, a.a.O., unter II, 3a, Fn. 23.

3 Zum Begriff des Einkaufszentrums s. *Schenke*, a.a.O., unter II, 3e.

4 Zum Begriff des „sonstigen großflächigen Handelsbetriebs“ s. *Schenke*, a.a.O., unter II, 3d.

a) Falls der vorgesehene Standort im Geltungsbereich eines Bebauungsplans i. S. des § 30 BauGB liegt, kommt die Ansiedlung eines „großflächigen Einzelhandelsbetriebs“ nur dann in Betracht, wenn sich das Baugebiet als ein Misch-, Gewerbe- oder Industriegebiet oder ein Kern- oder Sondergebiet für „großflächige Einzelhandelsbetriebe“ bzw. „sonstige großflächige Handelsbetriebe“ darstellt[5]. Einkaufszentren können (außer im Geltungsbereich eines der BauNVO 1962 bzw. 1968 unterfallenden Bebauungsplans) nur in einem Kerngebiet oder in einem für Einkaufszentren ausgewiesenen Sondergebiet errichtet werden. In einem reinen Wohngebiet (§ 3 BauNVO), in einem allgemeinen Wohngebiet (§ 4 BauNVO) sowie in einem besonderen Wohngebiet (§ 4a BauNVO) sind „großflächige Einzelhandelsbetriebe“, „sonstige großflächige Handelsbetriebe“ und Einkaufszentren unzulässig. In einem Dorfgebiet (§ 5 BauNVO) sind sie unter Berücksichtigung des § 5 Abs. 1 BauNVO und des § 15 BauNVO häufig ebenfalls wegen der mit ihnen verbundenen Immissionen sowie wegen ihrer Dimensionierung ausgeschlossen.

b) In einem Kerngebiet (s. § 7 BauNVO) und in einem Sondergebiet i. S. des § 11 Abs. 3 S. 1 BauNVO 1977 bzw. 1986 sind „großflächige Einzelhandelsbetriebe“, „sonstige großflächige Handelsbetriebe“ sowie Einkaufszentren von der Art der Nutzung her prinzipiell zulässig.

c) In Mischgebieten (§ 6 BauNVO), Gewerbegebieten (§ 8 BauNVO) und Industriegebieten (§ 9 BauNVO) können sich neben aus § 15 BauNVO (bedeutsam vor allem bei Mischgebieten) Einschränkungen der Zulässigkeit „großflächiger Einzelhandelsbetriebe“, „sonstige(r) großflächiger Handelsbetriebe“ sowie von Einkaufszentren insbesondere aus § 11 Abs. 3 BauNVO ergeben (s. II.1.c.aa–cc). Maßgebend ist hier, welche Fassung der BauNVO zur Anwendung kommt[6]. Restriktionen bezüglich der Errichtung von „großflächigen Einzelhandelsbetrieben“ können ferner aus Festsetzungen des Bebauungsplans sowie aus einer eine zukünftige Planung sichernden Veränderungssperre bzw. Zurückstellung eines Baugesuchs resultieren (II.1.c.dd).

5 Vgl. *Schenke,* a. a. O., unter II, vor 1.
6 Dazu *Schenke,* a. a. O., unter I m. w. Nachw. in Fn. 7.

aa) Bei den der BauNVO 1962 unterfallenden Bebauungsplänen ergeben sich weder für „großflächige Einzelhandelsbetriebe" und „sonstige großflächige Handelsbetriebe" noch für Einkaufszentren Einschränkungen aus § 11 BauNVO 1962[7].

bb) Nach den der BauNVO 1968 unterfallenden Bebauungsplänen sind „großflächige Einzelhandelsbetriebe" nur dann unzulässig, wenn sie erstens einen Verbrauchermarkt[8] darstellen und zweitens vorwiegend der übergemeindlichen Versorgung dienen sollen (d.h. voraussichtlich mehr als 50% ihres Umsatzes von außerhalb der politischen Gemeinde beziehen). Bei einer entsprechenden vorwiegenden übergemeindlichen Versorgung sind auch Einkaufszentren unzulässig. „Sonstige großflächige Handelsbetriebe" sind hier von der Art der Nutzung her unbedenklich.

cc) Handelt es sich um einen der BauNVO 1977 bzw. 1986 unterfallenden Bebauungsplan, der ein Misch-, Gewerbe- oder Industriegebiet festsetzt, so sind Einkaufszentren generell unzulässig. „Großflächige Einzelhandelsbetriebe" sowie vergleichbare „sonstige großflächige Handelsbetriebe" sind nur dann unzulässig, wenn von ihnen Auswirkungen[9] der in § 11 Abs. 3 S. 1 u. 2 BauNVO 1977 bzw. 1986 bezeichneten Art ausgehen können. Solche Auswirkungen werden (in widerlegbarer Weise) nach § 11 Abs. 3 S. 3 BauNVO 1977 bei 1500 qm Geschoßfläche, nach § 11 Abs. 3 S. 3 BauNVO 1986 bereits bei 1200 qm Geschoßfläche vermutet. Die Beurteilung von Auswirkungen wird durch § 11 Abs. 3 S. 4 BauNVO 1986 erleichtert, der gemäß § 25b Abs. 2 BauNVO 1986 auch für der BauNVO 1977 unterfallende Bebauungspläne entsprechend gilt.

dd) Einschränkungen der Zulässigkeit von „großflächigen Einzelhandelsbetrieben" und „sonstigen großflächigen Handelsbetrieben" können sich ferner noch aus dem Bebauungsplan selbst ergeben. Als Basis hierfür kommt insbesondere § 1 Abs. 5 u. 9 BauNVO in Frage. Soweit solche Einschränkungen nicht durch § 1 Abs. 5 u. 9 BauNVO gedeckt sind und (oder) die planungsrechtlichen Grundsätze des § 1 Abs. 4–9 BauGB nicht beachtet wurden[10], sind Bebauungspläne

---

7 Dazu *Schenke,* a.a.O., unter II, 1.

8 Zum Begriff des Verbrauchermarkts s. *Schenke,* a.a.O., unter II, 2.

9 Zu den Auswirkungen s. näher *Schenke,* a.a.O., unter II, 3b.

10 Dazu *Schenke,* a.a.O., unter IV, 1.

als rechtswidrig und (vorbehaltlich des § 215 BauGB) grundsätzlich nichtig anzusehen. Beschränkt sich die Nichtigkeit (analog § 44 Abs. 4 VwVfG) auf die Regelung des Ausschlusses einer sonst im Baugebiet prinzipiell zulässigen Nutzung und berührt sie die Wirksamkeit des Bebauungsplans im übrigen nicht, so beurteilt sich die Zulässigkeit der Errichtung eines „großflächigen Einzelhandelsbetriebs“ gem. II.1.c.aa – cc.

Bei einer zur Sicherung einer künftigen Planung erlassenen Veränderungssperre (§ 14 BauGB) bzw. einer Zurückstellung des Baugesuchs (§ 15 BauGB) ist zu überprüfen, ob die hierfür erforderlichen rechtlichen Voraussetzungen gegeben sind [11]. Eine Veränderungssperre, die diesen Anforderungen nicht genügt, ist nichtig, eine Zurückstellung des Baugesuchs kann hier mit Erfolg angefochten werden. Auch bei Wirksamkeit einer Veränderungssperre kommt unter den Voraussetzungen des § 14 Abs. 2 BauGB die Erteilung einer Ausnahme von der Veränderungssperre in Betracht.

2. Großflächige Betriebe des Einzelhandels im Innenbereich

Ein Innenbereich i. S. des § 34 BauGB ist ein im Zusammenhang bebauter Ortsteil, für den ein Bebauungsplan i. S. des § 30 BauGB (s. oben II.1) nicht besteht. Ein im Zusammenhang bebauter Ortsteil verlangt dabei zum einen das Vorliegen eines Bebauungszusammenhangs (dazu II.2.a) und zum anderen, daß dieser Bebauungszusammenhang einem Ortsteil angehört (dazu II.2.b). Zulässig ist ein großflächiger Betrieb des Einzelhandels, wenn er sich von der Art der Nutzung her gem. § 34 Abs. 2 bzw. Abs. 1 BauGB als zulässig darstellt (dazu II.2.c), nicht im Widerspruch zu den Festsetzungen eines (nichtqualifizierten) Bebauungsplans steht und ihm auch nicht im Hinblick auf eine Planungsabsicht der Gemeinde eine Veränderungssperre bzw. Zurückstellung des Baugesuchs entgegensteht (s. auch oben II.1.c.dd).

a) Für das Vorliegen eines Bebauungszusammenhangs ist maßgeblich, ob eine tatsächlich aufeinanderfolgende zusammenhängende

---

11 Dazu *Schenke*, a. a. O., unter IV, 2.

Bebauung besteht[12]. Grundsätzlich irrelevant ist, ob die Bebauung genehmigt wurde[13]. Auch eine frühere Bebauung kann, soweit nach der Verkehrsauffassung noch mit einer Ersatzbebauung zu rechnen ist, einen Bebauungszusammenhang mitkonstituieren[14]. Soweit die Aufeinanderfolge von Baulichkeiten durch Baulücken oder durch größere Flächen unterbrochen wird, ist ausschlaggebend, inwieweit nach der Verkehrsauffassung[15] die aufeinanderfolgende Bebauung den Eindruck der Geschlossenheit vermittelt. Ob eine Unterbrechung des Bebauungszusammenhangs vorliegt, läßt sich dabei nicht unter Anwendung exakt geographisch-mathematischer Angaben bestimmen[16]. Selbst größere Freiflächen, die wegen ihrer natürlichen Beschaffenheit (z. B. Flüsse) oder wegen ihrer besonderen Zweckbestimmung (z. B. Sportplätze, Gärtnereiflächen, Erholungsflächen) einer Bebauung entzogen sind[17], können im Einzelfall unbeachtlich sein.

b) Ein Ortsteil (den Gegenbegriff hierzu verkörpert die Splittersiedlung) ist jeder Bebauungskomplex im Gebiet einer Gemeinde, der nach der Zahl der vorhandenen Bauten ein gewisses Gewicht besitzt und Ausdruck einer organischen Siedlungsstruktur ist[18]. Die Zahl der für das Vorliegen eines Ortsteils erforderlichen Bauten läßt sich nicht generell festlegen, schon weil sie u. a. von der in der jeweiligen Gegend vorherrschenden typischen Siedlungsform abhängt. U. U. kann dafür bereits ein Bestand von nur 6 Häusern ausreichen[19].

---

12 Vgl. *Krautzberger* in: *Battis/Krautzberger/Löhr*, BauGB, 2. Aufl. 1987, § 34, Rdnr. 2; *Cholewa/David/Dyong/von der Heide*, Das neue Baugesetzbuch, 1987, § 34, Anm. 1 b; BVerwGE 31, S. 20 (21).

13 BVerwGE 31, S. 22 (26).

14 Vgl. *BVerwG*, DÖV 1987 S. 298 ff. m. w. Nachw.

15 Vgl. BVerwGE 31, S. 22.

16 Vgl. BVerwGE 31, S. 21.

17 Vgl. *BVerwG*, BRS 18, S. 28 (29); BVerwGE 31, S. 21.

18 Vgl. *Battis/Krautzberger/Löhr*, BauGB, § 34, Rdnr. 7; BVerwGE 31, S. 22 (26). Dabei erfordert, wie das *BVerwG* zu Recht betont, die organische Siedlungsstruktur nicht, „daß es sich um eine nach Art und Zweckbestimmung einheitliche Bebauung handeln müßte. Auch eine unterschiedliche, ja u. U. sogar eine in ihrer Art und Zweckbestimmung gegensätzliche Bebauung kann einen Ortsteil bilden".

19 Vgl. *Krautzberger* in: *Battis/Krautzberger/Löhr*, BauGB, § 34, Rdnr. 8; *BVerwG*, BRS 22 Nr. 76, S. 122; weiterreichende Erfordernisse stellt hingegen *BayVGH*, BayVBl. 1983 S. 628 auf; zur Problematik s. auch *BadWürttVGH*, BauR 1984 S. 496.

Ohne Relevanz ist in diesem Zusammenhang, ob die betreffende Bebauung genehmigt ist. Eine Festlegung der im Zusammenhang bebauten Ortsteile kann im übrigen nach Maßgabe des § 34 Abs. 4 BauGB erfolgen.

c) Die Zulässigkeit eines großflächigen Betriebes des Einzelhandels bemißt sich, was die Art der Nutzung angeht, gem. § 34 Abs. 2 BauGB (dazu II.2.c.aa) bzw. § 34 Abs. 1 BauGB (dazu II.2.c.bb).

aa) Im unbeplanten Innenbereich ist zunächst festzustellen, ob die Eigenart der näheren Umgebung einem der in der BauNVO 1986 bezeichneten Baugebiete entspricht. Dabei sind unter näherer Umgebung nicht nur das vorgesehene Baugrundstück und die unmittelbaren Nachbargrundstücke zu verstehen. Zu berücksichtigen ist die Umgebung vielmehr auch insoweit, als sich die Ausführung des Vorhabens auf sie auswirken kann und soweit die Umgebung ihrerseits den bodenrechtlichen Charakter des Baugrundstücks prägt oder doch beeinflußt[20]; städtebauliche Fernwirkungen der in § 11 Abs. 3 S. 2 BauNVO 1977 bzw. 1986 beschriebenen Art sind aber nicht als Auswirkungen anzusehen, die zu einer Bestimmung des Begriffs der „näheren Umgebung" herangezogen werden können[21].

Abstrakt-mathematisch geartete Maßstäbe lassen sich hinsichtlich des Umfangs der zu berücksichtigenden Umgebung nicht aufstellen. Die bei der Bestimmung der Art der Nutzung zu berücksichtigende Umgebung ist im übrigen weiter zu ziehen als die bezüglich des Maßes der Nutzung[22]. Soweit die nähere Umgebung den Charakter eines Misch-, Gewerbe- oder Industriegebiets, Kern- oder Sondergebiets für „großflächige Einzelhandelsbetriebe" aufweist, bemißt sich die Zulässigkeit „großflächiger Einzelhandelsbetriebe" (dasselbe gilt für „sonstige großflächige Handelsbetriebe") nach den gleichen Grundsätzen, wie sie bei entsprechenden Festsetzungen in einem Bebauungsplan gelten (vgl. oben II.1). Für die Zulässigkeit eines „großflächigen Einzelhandelsbetriebs" ist dementsprechend nicht

20 Vgl. *Krautzberger* in: *Battis/Krautzberger/Löhr*, BauGB, § 34, Rdnr. 13; *BVerwG*, Buchholz 406.11, § 34 BBauG Nr. 45, S. 111 (114); BVerwGE 55, S. 369 (380).

21 Vgl. BVerwGE 68, S. 360 (368).

22 Vgl. *Cholewa/David/Dyong/von der Heide*, Das neue Baugesetzbuch, § 34 BauGB, Anm. 1c.

erforderlich, daß bereits ein entsprechender anderer Betrieb in der näheren Umgebung existiert[23].

bb) Soweit eine eindeutige Zuordnung zu einem der in der BauNVO genannten Baugebiete nicht möglich erscheint, soll nach der nicht unbedenklichen Rechtsprechung des *BVerwG* ein Einfügen i. S. des § 34 Abs. 1 BauGB grundsätzlich nur dann gegeben sein, wenn bereits ein anderer „großflächiger Einzelhandelsbetrieb" (Entsprechendes müßte für einen „sonstigen großflächigen Handelsbetrieb" bzw. ein Einkaufszentrum gelten) in der näheren Umgebung vorhanden ist bzw. war und nach der Verkehrsauffassung noch mit einer Ersatzbebauung gerechnet werden mußte[24]. Trifft dies zu, so kommt es nach dieser Judikatur nicht darauf an, ob von dem großflächigen Betrieb des Einzelhandels Auswirkungen i. S. des § 11 Abs. 3 BauNVO ausgehen.

Auch wenn ein „großflächiger Einzelhandelsbetrieb" bzw. „sonstiger großflächiger Handelsbetrieb" in der näheren Umgebung nicht existent ist, diese sich aber aus Elementen von Baugebieten zusammensetzt, in welchen solche Betriebe gem. § 11 Abs. 3 Nr. 2 u. 3 BauNVO zulässig wären, sind diese zulässig, sofern sie keine nachteiligen Auswirkungen der in § 11 Abs. 3 S. 1 – 4 BauNVO bezeichneten Art nach sich ziehen. Das ergibt sich aus einer (partiellen) Analogie zu § 34 Abs. 2 BauGB i. V. m. § 11 Abs. 3 BauNVO[25].

3. Großflächige Betriebe des Einzelhandels im Außenbereich

Ein Standort gehört dann dem Außenbereich an, wenn er sich weder im räumlichen Geltungsbereich eines Bebauungsplans i. S. des § 30 BauGB noch innerhalb der im Zusammenhang bebauten Ortsteile (§ 34 BauGB) befindet (vgl. die Legaldefinition des § 19 Abs. 1 Nr. 3 BauGB). Im Außenbereich sind großflächige Betriebe des Einzelhandels gem. § 35 Abs. 2 BauGB in aller Regel unzulässig. Zwar räumt § 35 Abs. 2 BauGB, wie sich im Wege einer verfassungskonformen Auslegung dieser Vorschrift ergibt, einen Rechtsanspruch auf Ge-

23 Vgl. *Schenke*, a. a. O., unter III, 1.
24 Vgl. *Schenke*, a. a. O., unter III, 2.
25 Vgl. *Schenke*, a. a. O., unter III, 2.

nehmigung[26] eines Bauvorhabens ein, wenn dessen Ausführung oder Benutzung öffentliche Belange nicht beeinträchtigt, doch werden durch großflächige Betriebe des Einzelhandels normaliter solche öffentlichen Belange beeinträchtigt.

In § 35 Abs. 3 BauGB ausdrücklich genannte öffentliche Belange werden durch die Zulassung solcher Betriebe häufig schon insoweit tangiert, als diese die Gefahr des Entstehens einer Splittersiedlung provoziert. Ferner wird ein solches Vorhaben oft zu unwirtschaftlichen Aufwendungen führen und nicht selten auch den Darstellungen eines Flächennutzungsplans bzw. den Zielen der Raumordnung und Landesplanung widersprechen. Ein derartiges Bauvorhaben kann auch im Hinblick auf die hierdurch hervorgerufenen bodenrechtlichen Spannungen ein Planungserfordernis[27] begründen, das als „öffentlicher Belang" i.S. des § 35 Abs. 2 BauGB der Errichtung großflächiger Betriebe des Einzelhandels im Wege steht.

Unter den Voraussetzungen des § 34 Abs. 4 Nr. 2 u. 3 BauGB können im übrigen einzelne bebaute Bereiche im Außenbereich bzw. einzelne Außenbereichsgrundstücke dem § 34 BauGB unterstellt werden. Die Zulässigkeit von großflächigen Betrieben des Einzelhandels bemißt sich dann nach den oben unter II.2.c dargestellten Grundsätzen.

4. Großflächige Betriebe des Einzelhandels nach Fassung eines Beschlusses über die Aufstellung eines Bebauungsplans

Auch wenn nach den vorausgehenden Darlegungen ein großflächiger Betrieb des Einzelhandels unzulässig wäre, kann er dennoch nach Maßgabe des § 33 BauGB zulässig sein. § 33 Abs. 1 BauGB räumt dem Antragsteller einen Rechtsanspruch auf Erteilung der Baugenehmigung ein, wenn die öffentliche Auslegung des Bebauungsplans (§ 3 Abs. 2 und 3 BauGB) durchgeführt und die Träger öffentlicher Belange (§ 4 Abs. 1 BauGB) beteiligt worden sind (§ 33 Abs. 1 Nr. 1 BauGB), zudem anzunehmen ist, daß das Vorhaben den künftigen Festsetzungen des Bebauungsplans nicht entgegensteht (§ 33 Abs. 1

26 Vgl. BVerwGE 18, S. 247 (250).

27 Vgl. hierzu *Krautzberger* in: *Battis/Krautzberger/Löhr*, BauGB, § 34, Rdnr. 20 m. eingeh. Nachw.

Nr. 2 BauGB), der Antragsteller diese Festsetzungen für sich und seine Rechtsnachfolger schriftlich anerkennt (§ 33 Abs. 1 Nr. 3 BauGB) und die Erschließung gesichert ist (§ 33 Abs. 1 Nr. 4 BauGB). Ob ein Vorhaben den künftigen Festsetzungen des Bebauungsplans nicht entgegensteht, ist dabei nach Maßgabe der Ausführungen zu II.1 zu beurteilen.

§ 33 Abs. 2 BauGB stellt es schließlich in das Ermessen der Baurechtsbehörde, bereits vor Durchführung der öffentlichen Auslegung und Beteiligung der Träger öffentlicher Belange einen „großflächigen Einzelhandelsbetrieb“ dann zuzulassen, wenn im übrigen die in § 1 Nr. 2–4 bezeichneten Voraussetzungen erfüllt sind.

C. Die Problematik der Ansiedlung von großflächigen Betrieben des Einzelhandels aus der Sicht der verwaltungsbehördlichen Praxis

Karl Gleisberg, Mannheim

I. Die Verwaltungspraxis der Gemeinden – Die städtebauliche Ausgangslage

Der Beitrag stellt die Verwaltungspraxis aus der Sicht einer Gemeinde dar, die durch folgende Stichworte charakterisiert ist: Träger der Bauleitplanung und untere Baurechtsbehörde; großstädtisches Oberzentrum in einem Ballungsgebiet; Einzugsbereich umfaßt zahlreiche Mittel- und Unterzentren sowie weite ländliche Bereiche.

Die Praxis von Gemeinden in dieser Lage ist überwiegend geprägt durch Abwehrmaßnahmen gegen großflächige Einzelhandelsbetriebe, sei es auf eigenem Gebiet oder auf jenem von Nachbargemeinden. Die Abwehr von Ansiedlungsvorhaben außerhalb der eigenen Gemeindegrenzen wird verständlicherweise besonders nachdrücklich versucht. Jedoch hat in solchen Fällen der noch so trefflichen planungsrechtlichen Argumentation oft die letzte Überzeugungskraft gefehlt, weil nicht immer der Ärger an der Übergehung der eigenen Gemeinde als Standort überdeckt werden konnte. Damit ist schon angedeutet, daß sich immer wieder einzelne Gemeinden von der allgemeinen Linie der Abwehr entfernt haben und daß diese mit mehr oder minder großen oder gar keinen planungsrechtlichen Bedenken zugegriffen haben, wenn sich eine Gelegenheit bot, 100, 200 oder 300 Arbeitsplätze zu bekommen gegen Aufgabe anscheinend bloß auf dem Papier stehender planungsrechtlicher Grundsätze ohne praktische Bedeutung.

Je größer das Vorhaben und je kleiner die Gemeinde, desto größer sind die Versuchung und desto bedeutender die Verstöße gegen bestehendes Planungsrecht. Auch die Zwischenschaltung einer Kreisverwaltung zwischen Ansiedlungswünschen und Baugenehmigung hat nicht immer zu planungsrechtlich überzeugenden Ergebnissen geführt.

Und auch folgendes drängt sich auf, wenn man die Ansiedlungsgeschichte der Verbrauchermärkte und SB-Warenhäuser rückblickend betrachtet: Die ganz großen Vorhaben mit ihren erheblichen Folgen für die Einzelhandelsstruktur ganzer Regionen sind weitaus seltener an entgegenstehendem Planungsrecht gescheitert als die Vorhaben der unteren Größenklasse. Hier wird deutlich, daß gemeindliche Begehrlichkeit immer noch Mittel und Wege gefunden hat, sich gegen § 11 BauNVO oder städtebauliche und regionalplanerische Belange durchzusetzen.

Gleichgültig, ob nun Ansiedlungen abgewehrt oder großflächige Einzelhandelsbetriebe ermöglicht werden sollen, bleiben die Rechtsprobleme bei Anwendung der BauNVO die gleichen, weil so oder so die planungsrechtliche Materie und die städtebauliche Problematik identisch sind. Der völlig unterschiedliche Ansatzpunkt, den Gemeinden bei der Behandlung von großflächigen Einzelhandelsbetrieben nach § 11 BauNVO haben können, macht es allerdings unmöglich, von der Verwaltungspraxis der Gemeinden zu sprechen. Die Verwaltungspraxis ist eben mehr als schulmäßiger Gesetzesvollzug, und oft genug geraten gemeindlicher Gestaltungswille (Ansiedlungswille) und Planungsrecht miteinander in Konflikt. Die Mechanismen zur Lösung solcher Konflikte folgen oft außerrechtlichen Gesichtspunkten; sie darzustellen wäre eine Aufgabe für die politologische Interpretation.

Aus planungsrechtlicher Sicht erscheinen jedenfalls manche Entscheidungen im Ergebnis schlicht unerklärlich, so zum Beispiel die Genehmigung eines Verbauchermarktes mit 5700 qm Verkaufsfläche im Außenbereich einer kleinen Gemeinde an der Peripherie von Mannheim/Ludwigshafen. Auch ein Einkaufszentrum mit insgesamt 30000 (dreißigtausend!) qm Verkaufsfläche im Gewerbegebiet einer Kleinstadt an der Mannheimer Gemarkungsgrenze ist stark erklärungsbedürftig (Zeitpunkt der Baugenehmigung 1971). Beide Fälle ergaben sich in Hessen. Beide Vorhaben wurden zu Zeiten genehmigt, als Einkaufszentren und Verbrauchermärkte, die der übergemeindlichen Versorgung dienten, durch die BauNVO 1968 bereits in Kern- oder Sondergebiete verwiesen waren.

Im ersten Fall handelt es sich um eine klare Rechtswidrigkeit. Im zweiten wäre der Frage nachzugehen, ob im Zeitpunkt der Genehmigung die BauNVO in der Fassung von 1962 oder von 1968 gegolten hat. Je nachdem wäre ein leichterer oder ein besonders schwerer Fall eines Planungsrechtsverstoßes zu konstatieren. So oder so ist eine derartige Entscheidung ein krasser städtebaulicher und regionalplanerischer Mißgriff.

Mit den Kategorien des Planungsrechts nicht zu erklären ist auch die Genehmigung eines Verbrauchermarktes von 15000 qm Verkaufsfläche im Außenbereich (!) einer kleinen Gemeinde – und doch so geschehen an der Peripherie von Ludwigshafen im Jahre 1972.

Und noch ein Fall aus Rheinland-Pfalz: 17000 qm Verkaufsfläche für einen Verbrauchermarkt in einer kleinen Gemeinde ohne zentralörtliche Funktion sind ein Beweis für verfehlte Planungspraxis und nicht stattgefundene oder übergangene Regionalplanung. Daß hier die Ansiedlung in einem formell als Sondergebiet ausgewiesenen Gebiet erfolgt ist, ändert nichts an diesem Befund.

Den bisher genannten Beispielen ist gemeinsam, daß sie den Einzugsbereich der Oberzentren Mannheim und Ludwigshafen und teilweise von Heidelberg betreffen. Außerdem liegen alle Standorte außerhalb von Mittel- und Unterzentren; sie laufen also dem Grundsatz der zentralörtlichen Gliederung einer Region diametral zuwider.

Beispiele dieser Art gibt es auch in Baden-Württemberg. Auch im Musterländle gelingt es nicht immer, alle planungsrechtlichen Probleme zufriedenstellend zu lösen. Städtebauliche Probleme werden nicht gelöst, sondern geschaffen, wenn z. B. Verbrauchermärkte, mit 4000 qm Verkaufsfläche im Außenbereich (!) einer kleinen Gemeinde, direkt an der Stadtgrenze von Mannheim, genehmigt werden.

Bevor die nicht nur für den Rhein-Neckar-Raum typischen Beispiele gewürdigt werden, gilt es einem möglichen Mißverständnis vorzubeugen. Es geht nicht darum, für das flache Land ein planungsrechtliches Chaos auszumalen und dem die reine Rechtsanwendung in den Großstädten gegenüberzustellen. Eine solche Darstellung wäre angesichts konkreter großstädtischer Planungs- und Genehmigungspraktiken ohnehin nicht haltbar. In diesem Beitrag wird vielmehr deutlich werden, in welchem Ausmaß durch die Ansiedlung nichtintegrierter Großprojekte die regionalplanerische Funktion der Zentralorte unterlaufen wird. Nur auf diesem Hintergrund werden planungsrechtliche „Sündenfälle" verständlich, die auch großstädtischen Verwaltungen bei der Ansiedlung von Großprojekten des Einzelhandels unterlaufen.

Immerhin existiert in größeren Städten eine erhebliche Verwaltungskraft in personell stark besetzten Stellen für Planung und Baurecht. Mit diesem Potential sind die betroffenen Gemeinden auch objektiv in der Lage, rechtmäßige Entscheidungen zu treffen. Den für Baurechtsfragen zuständigen Instanzen stehen aber innerhalb der eigenen Verwaltung oft Leute gegenüber, die andere als planungsrechtliche Ziele verfolgen und z. B. aus Gründen der Wirtschaftsförderung die Ansiedlung von großflächigen Einzelhandelsbetrieben unterstützen. Kundige Bauträger und Handelsfirmen wissen diesen Interessenpluralismus zu schätzen und manchmal auch für sich zu nutzen. Daß dies nicht allzu häufig gelingt, zeichnet eine gute Verwaltung aus.

Die Lebenserfahrung und die Ergebnisse auch großstädtischer Entscheidungsprozesse zeigen indes, daß sich auch hier nicht immer der planungsrechtliche Sachverstand durchsetzen kann. Als Beispiel diene folgender typischer Fall für den Widerstreit von Planungsrecht und Wirtschaftsförderung: Ein bisher im Gewerbegebiet planungsrechtlich unbedenkliches Autohaus mit großer Verkaufsfläche wird bald nach der Eröffnung und lange vor Abschreibung der Grundstücks- und Baukosten geschlossen, nachdem der Eigentümer Konkurs anmelden mußte. Nur bei Übernahme der Liegenschaften durch einen Verbrauchermarkt wird eine Konkursquote erreicht, bei der wirtschaftliche Schwierigkeiten der ortsansässigen Konkursgläubiger vermieden werden. Im Hinblick auf die ansonsten gefährdeten Arbeitsplätze bei diesen Firmen wird die Verbrauchermarktlösung von der Wirtschaftsförderung unterstützt. Soll die Rettung der Arbeitsplätze an § 11 Abs. 3 der BauNVO scheitern? Diese Frage umschreibt das Dilemma der Baurechtsbehörde.

Ein anderer typischer Fall: In einem Gewerbegebiet, peripher gelegen, geht ein Großhandelsgeschäft mit ca. 5000 qm Betriebsfläche in

Konkurs. Ein Filialist will den ganzen Komplex und die Arbeitskräfte übernehmen. Das Geschäft soll als Einzelhandelsgeschäft für Möbel mit breitem Randsortiment geführt werden. Planungsrechtlich liegt nach § 11 Abs. 3 BauNVO '77 ein im Gewerbegebiet unzulässiger großflächiger Einzelhandelsbetrieb vor. Sollen die Rettung der Arbeitsplätze und die Verhinderung einer Gewerbebrache an der (zutreffenden) planungsrechtlichen Beurteilung scheitern? [1]

Es liegt auf der Hand, daß sich die Entscheidungspraxis nicht unbeeinflußt von den wirtschaftlichen Hintergründen solcher Fälle entwickeln kann. Die Verwaltung wird in solchen Fällen immer versucht sein, vom Ergebnis her zu argumentieren, schädliche Auswirkungen auf die städtebauliche Entwicklung und Ordnung im Sinne von § 11 Abs. 3 BauNVO zu verneinen und letztlich die Zulässigkeit der Vorhaben zu konstatieren. Zweifellos wird ein solches Vorgehen begünstigt durch die Tatsache, daß Konkurrentenklagen gegen solche Genehmigungen grundsätzlich unzulässig sind und daher bei der Entscheidung nicht in Betracht gezogen werden müssen[2].

Es gibt eine weitere Konstellation, in der Überlegungen der Wirtschaftsförderung sowie der Wille, Arbeitsplätze zu schaffen, baurechtliche Entscheidungsvorgänge beeinflussen können. Ein Investor unterbreitet der Gemeinde das „Angebot", einen Einzelhandelsbetrieb mit bedeutender Fläche, mit einer beachtlichen Zahl von Arbeitsplätzen usw. an einem dafür geeigneten Standort – und das ist niemals der Kernbereich der City – zu bauen und zu betreiben. Wenn dieses Angebot auf einen peripheren Standort gerichtet ist – und das ist in der Regel der Fall –, stellt es planungsrechtlich eine ausgesprochene Heimsuchung dar.

Diese Heimsuchung ereilt die Städte in der Ausgangslage, die anhand von Beispielen dargestellt worden ist: Um die Großstädte (Oberzentren) legt sich in regionalplanerischem Wildwuchs ein Gürtel von Verbrauchermärkten und SB-Warenhäusern, die in ihrer Summierung die Funktion und auch den Anspruch der Großstädte als Oberzentren gefährden oder stark beeinträchtigen. Dies soll, über die Beispiele hinausgehend, an Zahlen verdeutlicht werden.

---

1 Möbeleinzelhandel als Verbrauchermarkt? Vgl. *BVerwG*, Beschluß v. 25. 7. 1986 – 4 B 144/86, NVwZ 87, S. 50 (51); a. A. *Schenke*, UPR 1986 S. 288, Verbrauchermarkt nur bei warenhausähnlichem Sortiment einschl. Lebensmitteln.

2 Vgl. *Frank*, NVwZ 1987 S. 369 (373).

In Mannheim, Ludwigshafen und Heidelberg, Oberzentren mit teilweise deckungsgleichen Einzugsbereichen, belaufen sich die Verkaufsflächen von großflächigen Einzelhandelsbetrieben an peripheren Standorten auf insgesamt 185700 qm (Bereich Raumordnungsverband Rhein-Neckar, Stand 1981). In dieser Zahl sind nur einige wenige Standorte an der Peripherie der Oberzentren selbst erfaßt. Das Gros entfällt auf kleine Gemeinden, die überwiegend nicht die geringste zentralörtliche Bedeutung aufweisen. Schon ein einziger, in der Summe enthaltener Verbrauchermarkt von 20000 qm Verkaufsfläche ist nach den Angaben seiner Betreiber auf ein Einzugsgebiet von 200000 Einwohnern angelegt.

Worin besteht dabei die Heimsuchung der Großstädte (Oberzentren)? Diese bemühen sich nach Kräften, unter Zurückstellung städtebaulicher Überlegungen, noch ein Stück vom Kuchen zu bekommen, bevor dieser endgültig verteilt ist, und sich als Einzelhandelsstandort gegenüber dem Umland zu behaupten. Hinzu kommt, daß es der Rückgang des industriellen Sektors für die davon betroffenen Großstädte geboten erscheinen läßt, die mit der Ansiedlung großflächiger Einzelhandelsbetriebe verbundenen Arbeitsplätze in ihre Überlegungen einzubeziehen.

Als Beispiel für ein nur als gemeindliche Abwehrreaktion auf eine aufgezwungene Konkurrenzsituation verständliches Ansiedlungsvorhaben fungiert ein Einkaufszentrum mit 15000 qm Verkaufsfläche, das auf Mannheimer Gemarkung in Sichtweite des Rhein-Neckar-Centers liegt, das auf dem Gebiet der hessischen Kleinstadt Viernheim ein Jahr zuvor genehmigt worden war und 30000 qm Verkaufsfläche aufweist. Die Stadt Mannheim hat die Ansiedlung dieses Einkaufszentrums durch ordnungsgemäße Ausweisung des Standortes als Sondergebiet gefördert. Die nachteiligen städtebaulichen Auswirkungen auf den Einzelhandel in der eigenen Kernstadt wurden in Ausübung des planerischen Ermessens in Kauf genommen.

Bei allen referierten Beispielen wurden städtebauliche Bewertungen getroffen, die unabhängig davon gelten, ob die Standorte planungsrechtlich zutreffend ausgewiesen sind oder nicht. Typischerweise heißt es in den „Materialien des Regionalverbandes Unterer Neckar zum regionalen Raumordnungsbericht“ aus dem Jahre 1981 (unveröffentlicht):

„Auswirkungen von Einzelhandelsgroßprojekten an peripheren Standorten:

– Die Minderung von Ertragslage und Investitionskraft der traditionellen Einzelhandelsbetriebe an innerstädtischen bzw. innerörtlichen Standorten ist nachgewiesen. Damit ist die Fortentwicklung und insbesondere die Erneuerung jener Einrichtungen, die die Innenstädte der zentralen Orte wesentlich mitprägen, erschwert. Den geltenden Zielen der Regional- und Landesplanung wird entgegengewirkt (Attraktivitätsverluste);
– Betriebsschließungen in den Stadt- und Ortskernen bringen eine Verödungswirkung mit sich, die sich für die Stadtentwicklung unter anderem deshalb so nachteilig auswirkt, weil Agglomerationseffekte umsatzmindernde Folgewirkungen auch für die in ihrem Angebot nicht unmittelbar betroffenen Handels- und Dienstleistungsbetriebe mit sich bringen und so die zentralörtliche Weiterentwicklung zusätzlich erschweren (Aushöhlung des zentralörtlichen Gliederungsprinzips);
– die Ausdünnung des Netzes der Nahversorgung mit Einzelhandelswaren des täglichen Bedarfs wird in weniger verdichteten, insbesondere ländlichen Räumen bewirken, daß die Versorgung in fußläufiger Erreichbarkeit nicht mehr gewährleistet werden kann. Dies trifft besonders die Haushalte ohne Pkw, insbesondere Altenhaushalte und Haushalte mit geringem Einkommen (Versorgungsdefizite);
– die Vorteile preiswerten und bequemen Einkaufs sind nahezu ausschließlich den Haushalten mit Pkw vorbehalten, wobei zur Versorgung eines jeden Haushalts ein weitaus höherer Flächenverbrauch, verbunden mit einer starken Inanspruchnahme der Verkehrsflächen, nötig ist. Die von der Allgemeinheit zu tragenden sozialen Kosten sind hoch (aufwendige Verkehrsinfrastrukturen)."

Aus dieser negativen Bewertung, die städtebaulich unstreitig ist, ergibt sich ohne weiteres, daß in der gemeindlichen Verwaltungspraxis die Abwehr großflächiger Einzelhandelsbetriebe dominiert, ja geradezu dominieren muß. Sie ist städtebauliches „Muß".

II. Das rechtliche Instrumentarium der Gemeinden zur Abwehr unerwünschter Einzelhandelsobjekte und seine praktische Handhabung

Mit welchen Mitteln begegnen die Gemeinden den städtebaulichen Problemen großflächiger Einzelhandelsbetriebe? Hier geht es um das rechtliche Instrumentarium zur Abwehr unerwünschter Ansiedlungen, und zwar innerhalb und außerhalb des jeweils eigenen Gemeindegebietes.

1. Das Vorgehen einer Gemeinde gegen ein Ansiedlungsvorhaben auf dem Gebiet einer anderen

Aus Gründen der verwaltungsprozessualen Zulässigkeitsvoraussetzungen für Klagen bzw. Normenkontrollanträge kommt für eine betroffene Gemeinde in der Regel nur eine Normenkontrolle in Betracht. Warum dieser Weg selten beschritten wird, soll an der 1976 ergangenen Massa-Entscheidung des *VGH Mannheim* aufgezeigt werden[3].

Die Stadt Wiesloch hatte sich mit einem Normenkontrollantrag gegen einen Bebauungsplan der 13 km entfernten Stadt Hockenheim gewandt und einen Bebauungsplan angegriffen, soweit mit diesem ein Sondergebiet für einen Verbrauchermarkt festgesetzt war. Die Stadt Wiesloch sollte nach dem Landesentwicklungsplan zum Mittelzentrum, die Stadt Hockenheim mit ca. 15000 Einwohnern zu einem Unterzentrum ausgebaut werden. Der Verbrauchermarkt, der noch während des Normenkontrollverfahrens errichtet wurde, weist eine Verkaufsfläche von 20000 qm auf.

Der *VGH* hatte der Gemeinde Wiesloch zunächst die Antragsberechtigung bestätigt: Die Erteilung der Baugenehmigung für den Verbrauchermarkt bedeute für sie „objektiv gesehen, eine – unmittelbare – nachteilige Beeinflussung der tatsächlichen Verhältnisse“. Das Gericht sah eine „gewisse Wahrscheinlichkeit“ dafür gegeben,

3 Beschluß v. 21. 12. 1976 – III 415/76 = NJW 77, S. 1465; zur Normenkontrolle durch Konkurrenten vgl. *Frank*, a.a.O., S. 373.

daß durch Einzelhandelsgroßprojekte mittelständische Einzelhandelsbetriebe im 13 km entfernten Wiesloch in ihrer Existenz gefährdet werden. Damit verbunden seien „bis zu einem gewissen Grad“ auch ungünstige Auswirkungen auf die Ortszentren in der Umgebung (Umsatzrückgang, Schließung kleinerer Läden, Verminderung des Versorgungsangebots als eine Voraussetzung für die Entstehung zentraler Orte). Der Zwang, auf diese befürchteten Folgen mit einer vorausschauenden Planung zu reagieren, stelle sich für die betroffene Stadt Wiesloch als unmittelbare nachteilige Folge des angegriffenen Bebauungsplanes dar.

Damit war zunächst nur die Hürde der prozessualen Zulässigkeit des Antrages genommen. Die Stadt Wiesloch scheiterte an der zweiten Hürde, der Begründetheit. Der *VGH* hielt den Antrag für unbegründet und wies ihn zurück. Er kam zu dem Ergebnis, der Bebauungsplan verstoße nicht gegen die Vorschrift, daß Bauleitpläne den Zielen der Raumordnung und Landesplanung anzupassen sind (§ 1 Abs. 3 BBauG). Auch verletze er weder das Abstimmungsgebot für Bauleitpläne benachbarter Gemeinden (§ 2 Abs. 4 BBauG) noch überschreite die Festsetzung des Sondergebietes die Grenzen, die der gemeindlichen Planungshoheit durch die sonstigen Grundsätze des BBauG für die Bauleitplanung, insbesondere durch das Abwägungsgebot, gezogen sind (§ 1 Abs. 4, 5 BBauG).

Diese Entscheidung hat sicherlich viele Gemeinden entmutigt, in vergleichbarer Situation gegen unerwünschte Ansiedlungen vorzugehen und sich dabei auf Ziele des verbindlichen Landesentwicklungsplanes zu berufen. Das Gericht hatte sich gleichwohl mit dem Landesentwicklungsplan befaßt und ihm das folgende Ziel entnommen:

Unterzentren (wie Hockenheim) seien so auszustatten, daß sie mit ihren zentralörtlichen Einrichtungen auch den qualifizierten Bedarf eines Verflechtungsbereiches mit in der Regel bis zu 10000 Einwohnern decken können. Das Gericht hat aber diese Anforderung als Mindestausstattung interpretiert, der „keine starre Obergrenze zu entnehmen sei“. Mit dieser Argumentation hat das Gericht dann den Verbrauchermarkt, ausgelegt auf ein Einzugsgebiet von 200000 Einwohnern (!), mit den Zielen der Landesplanung für vereinbar gehalten.

Das war für viele Gemeinden, die die damalige Auseinandersetzung mit höchstem Interesse verfolgt hatten, eine überraschende Wendung. Sie fragten sich zu Recht, ob es überhaupt eine Obergrenze gebe, ab der ein Verbrauchermarkt mit den Zielen der Landesplanung nicht mehr vereinbar sei.

Auseinandersetzungen von Gemeinden gegen andere über die Ansiedlung großflächiger Einzelhandelsbetriebe haben in der Folgezeit keine bedeutende Rolle mehr gespielt[4], dies vielleicht auch deswegen, weil der Ansiedlungsboom bei den ganz großen Einheiten vorbei und in den Ballungsgebieten eine gewisse Sättigung eingetreten war. Sicherlich wurde dieser auch gebrochen durch die Aufstellung von Flächennutzungsplänen mit übergemeindlichem Geltungsbereich in der Trägerschaft von Nachbarschaftsverbänden, wie sie in Baden-Württemberg für die Flächennutzungsplanung eingesetzt wurden. Durch diese Verlagerung der vorbereitenden Bauleitplanung auf überörtliche Träger war strukturfeindlichen gemeindlichen Planungsegoismen eine wesentliche Grundlage entzogen.

2. Die gemeindliche Praxis bei der Abwehr von großflächigen Einzelhandelsvorhaben auf eigenem Gebiet

Wie geht nun die gemeindliche Verwaltungspraxis mit großflächigen Einzelhandelsvorhaben auf eigenem Gebiet um? Was unternimmt sie zu ihrer Abwehr? Zu diesem außerordentlich stark judizierten und kommentierten Komplex werden lediglich einige Anmerkungen aus der Sicht des kommunalen Praktikers gemacht:

- Zurückstellung von Baugesuchen nach § 15 BauGB (a),
- Veränderungssperre gem. § 14 BauGB (b) sowie
- Anwendung des § 11 Abs. 3 BauNVO in der Planungs- und Genehmigungspraxis (c).

a) Die Zurückstellung von Baugesuchen

Die Zurückstellung von Baugesuchen nach § 15 BauGB ist der Genehmigungsbehörde, bei einem entsprechenden Antrag der Gemein-

4 Die Aufnahme der „verbrauchernahen Versorgung" als gesetzliches Schutzgut in § 1 Abs. 5 Nr. 8 BauGB wird allerdings in Zukunft eine strengere gerichtliche Überprüfung der Standorte von Einzelhandelsgroßprojekten ermöglichen. Zur Bedeutung des Schutzgutes bei der Standortwahl s. *Bielenberg/Krautzberger/Söfker*, Baugesetzbuch 1987, Rn. 15.

de, zwingend vorgeschrieben. Dies impliziert keine Entscheidung in der Sache, sondern schiebt diese lediglich auf. Es handelt sich um ein von der Verwaltung leicht und zuverlässig handhabbares Instrument, dessen Einsatz, trotz seines per definitionem vorläufigen Charakters, Ansiedlungsvorhaben häufig endgültig vereitelt.

Das Instrument der Zurückstellung ist deshalb leicht und zuverlässig handhabbar, weil die gesetzlichen Voraussetzungen dafür so einfach sind, daß in der Verwaltungspraxis bei einiger Sorgfalt Fehler praktisch ausgeschlossen werden können. Der Gemeinderat muß beschließen, einen Bebauungsplan aufzustellen (Aufstellungsbeschluß). Dieser Beschluß kann bei entsprechender Gestaltung der Hauptsatzung auch durch einen beschließenden Ausschuß gefaßt werden. Das Baugesetzbuch verlangt nicht, daß der Planaufstellungsbeschluß selbst Aussagen über den Inhalt der beabsichtigten Planung enthalten muß[5].

Spätestens im Zeitpunkt der Zurückstellung des Bauantrages muß die Planung allerdings einen Stand erreicht haben, der ein Mindestmaß dessen erkennen läßt, was der Inhalt des zu erwartenden Bebauungsplanes sein soll. Diese Konkretisierung erfolgt in der Regel – und dies reicht aus – nach dem Planaufstellungsbeschluß und bedarf keiner „Absegnung" durch Gemeinderatsbeschluß.

Hinzu kommen muß, daß die Planung nicht auf ein an sich unzulässiges Ziel gerichtet ist. Nach der neuesten Rechtsprechung des *BVerwG*, auf die noch einzugehen sein wird, ist es grundsätzlich, also unabhängig von der konkreten Planungssituation, unzulässig, als Planungsziel den „Ausschluß von Einzelhandelsbetrieben über 600 qm Verkaufsfläche (900 qm Geschoßfläche) im Gewerbegebiet XY" zu verfolgen. Das *BVerwG* stellt dazu fest, daß Einzelhandelsbetriebe, die nur durch eine Verkaufsflächenbegrenzung charakterisiert sind, keine „Art von baulichen Anlagen" im Sinne der BauNVO sind und daher allein wegen ihrer Verkaufsfläche nach § 1 Abs. 9 BauNVO nicht ausgeschlossen werden dürfen. Eine nicht weiter als durch die Flächenbegrenzung konkretisierte Verbotsabsicht würde also einen Zurückstellungsbescheid nicht stützen. Letztlich ist das Verbot der Negativplanung zu berücksichtigen: Die Planung darf

---

5 *BVerwG*, Urteil v. 10. 9. 1976 – IV C 39.74, BRS 30 Nr. 76.

sich nicht im Verbot bestimmter Arten von baulichen Anlagen als alleinigem Ziel erschöpfen; es müssen ihr vielmehr (positive) Vorstellungen über die städtebauliche Entwicklung eines Gebietes zugrunde liegen[6].

Trotz seines Rechtscharakters als bloß formelle und vorübergehende Entscheidung hat der Zurückstellungsbescheid tatsächlich oft endgültige Wirkung, d.h. daß die zurückgestellten Bauvorhaben nicht mehr weiterverfolgt werden. Dies liegt wohl vor allem daran, daß die Antragsteller vielfach nicht bereit sind, Zeit und Geld (für Rechtsbehelfsverfahren und Finanzierung) in „unsichere“ Standorte zu investieren. Ausgenommen davon sind ausgesprochen „gute Lagen“, die mit um so größerer Ausdauer verfolgt werden.

b) Der Erlaß einer Veränderungssperre

Wenn nach Ablauf der zwölfmonatigen Zurückstellungsfrist die gegen großflächige Einzelhandelsbetriebe gerichtete Planung noch nicht rechtsverbindlich ist, kann die Verwaltung eine Veränderungssperre nachschieben. Sie muß sich dafür entscheiden, wenn das Vorhaben auch nach Ablauf der Frist verhindert werden soll. Dies geschieht durch formellen Satzungsbeschluß des Gemeinderates (§ 16 BauGB). Beschließende Ausschüsse des Gemeinderats können hier nicht tätig werden. Die Anforderungen an die Veränderungssperre sind in ständiger Rechtsprechung geklärt. Die Konkretisierung der Planung zum Zeitpunkt des Satzungsbeschlusses richtet sich nach dem, was zur Zurückstellung von Bauanträgen dargelegt wurde.

Die Veränderungssperre gilt zwei Jahre und kann um ein Jahr verlängert werden. Sie führt zur (endgültigen) Ablehnung des Bauantrages. Durch § 14 Abs. 1 Nr. 1 BauGB wird nunmehr auf „Vorhaben im Sinne des § 29 BauGB“ Bezug genommen; es können Veränderungssperren also auch bloße Nutzungsänderungen von baulichen Anlagen erfassen, z.B. die Umwandlung eines Großhandels- in ein Einzelhandelsgeschäft. Dies setzt voraus, daß die Nutzungsänderung nach jeweiligem Landesrecht genehmigungs-, anzeige- oder zustimmungspflichtig ist[7].

---

6 *BVerwG*, Urteile v. 14. 7. 1972, DÖV 1972 S. 822 und 16. 2. 1973, DÖV 1973 S. 712.

7 *Bielenberg u. a.*, BauGB Leitfaden 1987, Rn. 98.

c) Die Ausschöpfung der durch § 11 Abs. 3 BauNVO gegebenen Möglichkeiten

Die folgenden Ausführungen zur Behandlung von großflächigen Einzelhandelsbetrieben nach § 11 Abs. 3 BauNVO reflektieren die Erfahrungen aus der Verwaltungspraxis mit Betriebsgrößen zwischen 600 und 1000 qm. Die meisten SB-Läden für Lebensmittel, die außerhalb der gewachsenen Ortsteilzentren in den letzten Jahren beantragt worden sind, liegen in diesem Bereich, mit dem Schwerpunkt bei 800 bis 1000 qm.

In gleichem Maße, wie sich Großprojekte an peripheren Standorten nachteilig auf die Innenstädte der Zentralorte auswirken, können auch von Betriebsgrößen zwischen 600 und 1000 qm Verkaufsfläche an der Peripherie von städtischen Vororten negative Wirkungen auf den vorhandenen Einzelhandelsbestand der dortigen Ortsteilzentren ausgehen. Auch hier wird der Abzug von Kaufkraft oft zu Betriebsschließungen und damit zu Versorgungsdefiziten bei der nicht motorisierten Bevölkerung der Stadtteilzentren führen. Neben der Gefahr solcher Versorgungsdefizite spielt das Verkehrsproblem dagegen in der Regel keine Rolle, da als Standorte ohnehin verkehrsgünstig gelegene Grundstücke ausgesucht werden, die bereits über eine gewisse Verkehrsfrequenz verfügen und daher, was den Verkehrslärm angeht, in der Regel vorbelastet sind. Die Verwaltung muß durch Planung und eine problembewußte Genehmigungspraxis der Entstehung von Versorgungsdefiziten entgegenwirken, dies um so mehr, weil sowohl die BauNVO als auch das BauGB (§ 1 Abs. 5 Nr. 8 BauGB) die „verbrauchernahe Versorgung der Bevölkerung“ als gesetzliches Schutzgut ausdrücklich fordern.

Versorgungsdefizite und Verödungseffekte resultieren oft aus Betriebsschließungen und aus der davon ausgelösten Ansiedlung großflächiger Einzelhandelsvorhaben an peripheren Standorten. Zur Vermeidung solcher Folgen kann es demzufolge städtebaulich geboten erscheinen, Einzelhändler in den gewachsenen Ortsteilzentren vor der Konkurrenz auf der grünen Wiese zu schützen. Solange der Konkurrenzschutz nur städtebaulichen Zwecken dient, macht er die Planung nicht rechtswidrig. Umgekehrt gilt, daß der nur aus Gründen des Konkurrenzschutzes festgesetzte Ausschluß von hinzukommenden Betrieben rechtswidrig ist[8].

8 *Frank*, a.a.O., S. 371.

Die gemeindliche Genehmigungs- und Planungspraxis wurde bisher stark von rechtlicher Unsicherheit bei der Bestimmung des Begriffes der Großflächigkeit geprägt. In diesem wichtigen Punkt hat das *BVerwG* mit zwei Urteilen vom 22. 5. 1987, die, soweit ersichtlich, noch nicht veröffentlicht sind, Klarheit geschaffen.

Der *VGH Mannheim* hatte für einen SB-Lebensmittelmarkt mit 951 qm Verkaufsfläche (VF) entschieden, Einzelhandelsbetriebe seien erst dann als „großflächig" anzusehen, wenn sie eine Verkaufsfläche von 1000 qm überschritten. Demzufolge wurde die Zulässigkeit des Betriebes in einem Gewerbegebiet bejaht[9]. Mit Urteil vom 3. 7. 1986 hatte der *VGH* seine Auffassung zur Großflächigkeit bekräftigt und einen SB-Markt mit 991 qm Verkaufsfläche nicht als großflächig angesehen[10].

Dies hat das *BVerwG* in der Revision korrigiert (*BVerwG,* Urteile vom 22. 5. 1987, 4C 30.86 und 4C 19.85). Nach diesen Grundsatzurteilen kann ein Einzelhandelsbetrieb von weniger als 1000 qm großflächig sein; in einem obiter dictum wird die Verkaufsfläche bei 700 qm angesetzt, und zwar unabhängig von den regionalen und örtlichen Gegebenheiten[11].

Für die gemeindliche Praxis bedeuten diese Urteile eine wesentliche Erleichterung. Um Einzelhandelsbetriebe zwischen 700 und 1000 qm Verkaufsfläche in Gewerbe- und Industriegebieten auszuschließen, muß nun eine Gemeinde nicht mehr, wie bisher, zur abstrakt-generellen Regelung durch Bebauungsplan greifen, sondern kann es bei einer Einzelfallentscheidung bewenden lassen. Die Regelvermutung des § 11 Abs. 3 BauNVO ist nur noch in bezug auf einen konkreten Betrieb zu widerlegen; der schwierige und immer fehlerträchtige Abwägungsvorgang bei einem generellen, auch in die Zukunft wirkenden Ausschluß nach § 1 Abs. 9 BauNVO entfällt. Diese Erleichterung setzt voraus, daß die Gemeinden ihre Bebauungspläne auf die BauNVO 1977 umgestellt haben.

---

9 *VGH Mannheim*, Urteil v. 20. 3. 1985 – 3 S 309/84, VBlBW 1985, S. 297.

10 *VGH*, 3 S 2220/84.

11 *BVerwG*, 4 C 30.86, S. 8, NVwZ 1987, S. 969; die besonderen örtlichen und regionalen Verhältnisse sind bei der Prüfung der Nachteile i. S. von § 11 Abs. 3 BauNVO von Bedeutung.

Die seit 1. 1. 1987 wirksame Fassung des § 11 Abs. 3 BauNVO bringt den Gemeinden eine weitere Erleichterung. Unterstellt man, daß die Verkaufsfläche ca. ein Drittel geringer ist als die Geschoßfläche, beginnt die Regelvermutung nun schon bei 800 qm Verkaufsfläche. Regelvermutung und Großflächigkeit – ca. 700 qm Verkaufsfläche – liegen nun nahe beieinander. Praktisch muß die Gemeinde also nur noch im Bereich zwischen 700 und 800 qm Verkaufsfläche den Nachweis des Nachteils führen. Gemäß § 25b Abs. 2 BauNVO ist auf Bebauungspläne, auf die § 11 Abs. 3 in der Fassung der Bekanntmachung vom 15. September 1977 Anwendung findet (s. hierzu § 25b Abs. 1 BauNVO), § 11 Abs. 3 S. 4 entsprechend anzuwenden.

Umfaßt die Geschoßfläche 1200 qm oder weniger, darf der Antragsteller nach § 11 Abs. 3 BauNVO im Umkehrschluß davon ausgehen, daß sein Vorhaben keine nachteiligen Auswirkungen hat. Die Baugenehmigungsbehörde kann diese umgekehrte Vermutung widerlegen und letztlich großflächige Betriebe (um 700 qm Verkaufsfläche) auch unterhalb der Vermutungsgrenze von 800 qm Verkaufsfläche in Sonder- und Kerngebiete verweisen.

Die allgemeinen Anforderungen an die Widerlegung der gesetzlichen Vermutung sind gleich geblieben. Es muß also der Nachweis geführt werden, daß nachteilige Auswirkungen im Sinne der BauNVO zu erwarten sind. Als Nachweis ist eine Prognose erforderlich, aber auch ausreichend. Die Anforderungen an eine Prognose sind von der Rechtsprechung vor allem zum Abwägungsgebot des § 1 BBauG/ BauGB entwickelt worden. Diese Anforderungen gelten auch für die Prognose bei Anwendung von § 11 Abs. 3 BauNVO.

Die Vorausschau künftiger Geschehensabläufe arbeitet zwangsläufig mit Wahrscheinlichkeiten; sie kann sich also nachträglich als unrichtig herausstellen. Das *BVerfG* hat anerkannt, daß Prognosen wegen der Möglichkeit des Irrtums als Grundlage einer verbindlichen Regelung von Sachverhalten nicht ungeeignet sind[12]. „Allerdings ist die Prognose als Vorausschau künftiger Geschehensabläufe von der bloßen, durch Tatsachen nicht unterstützten Vermutung zu unterscheiden“[13].

---

12 BVerfGE 30, S. 250, 263, Beschluß v. 9. 3. 1971, 2 BvR 326, 327, 341, 342, 343, 344, 345/69.

13 *VGH Mannheim*, Beschluß v. 17. 2. 1977 – III 1389/76, BRS 32 Nr. 11 m. w. N.

Letztlich muß „die Unterstützung durch Tatsachen" dergestalt sein, daß die Prognose aus sich heraus verständlich und (durch die Gerichte) nachvollziehbar ist. Ist eine Gemeinde von der Entstehung eines Versorgungsdefizits in einem Ortsteilzentrum überzeugt – das ist der in der Praxis häufigste Fall –, hat sie eine Bestandsaufnahme des Einzelhandels im Ortsteilzentrum vorzunehmen sowie den Umfang des zu erwartenden Käufer- und Kaufkraftabzuges und deren Auswirkungen auf den vorhandenen Bestand mittels Erfahrungswerten abzuschätzen. Nur wenn sich Geschäftsschließungen bzw. eine nachhaltige Beeinträchtigung der Versorgungsqualität abzeichnen, wäre eine nachteilige Folge in Form von Versorgungsdefiziten darstellbar. Im konkreten Fall kann sich darüber hinaus auch die Frage stellen, ob der dezimierte Bestand an Einzelhandelsgeschäften noch ausreicht für eine ordnungsgemäße Versorgung der Bevölkerung im fraglichen Ortsteilzentrum.

Man verrät kein Geheimnis, wenn man preisgibt, daß in Prognosen dieser Art immer wieder Ansatzpunkte für Anfechtungsklagen zu finden sind. Dies liegt in der Natur der Sache und ist in dem Umstand begründet, daß selbst größere Gemeinden für Prognosen dieser Art personell selten ausgestattet sind. Wo eigener Sachverstand fehlt oder quantitativ nicht ausreicht, müssen externe Sachverständige aus dem Marketingbereich für die Erstellung entsprechender Prognosen hinzugezogen werden, um zu tragfähigen Entscheidungen zu kommen, die auch einer gerichtlichen Überprüfung standhalten.

Wird die Geschoßfläche von 1200 qm überschritten, so ist es Sache des Antragstellers, die Vermutung städtebaulicher Nachteile zu widerlegen. Er kann z. B. dartun, daß der von ihm gewählte Standort von der Wohnbevölkerung auch ohne Kraftfahrzeug gut erreicht werden kann und daß Einzelhandelsstandorte in Ortslage nicht gefährdet werden, daß m. a. W. sein Betriebstyp nicht dem Regeltyp des § 11 Abs. 3 BauNVO 1977 entspricht[14].

Der Antragsteller könnte sich ferner darauf berufen, daß er ein für § 11 Abs. 3 BauNVO atypisches Warensortiment führen will. Dies kann bei Betrieben mit schmalem Angebot der Fall sein. Das *BVerwG* nennt als Beispiele ausdrücklich den Baustoffhandel und den Büromöbelhandel, während ein Baumarkt als Grenzfall zu betrachten sein

14 *BVerwG*, Urteil v. 3. 2. 1984 – 4 C 54.80.

dürfte[15]. Für Möbelgeschäfte ohne die Randsortimente, die ein Einrichtungshaus ausmachen, geht die Praxis im übrigen häufig von der Zulässigkeit auch in anderen als in Sondergebieten aus.

III. Die neuere Rechtsprechung des BVerwG und ihre Auswirkungen auf die Verwaltungspraxis

Das *BVerwG* hat im Mai 1987 insgesamt vier Urteile zu großflächigen Einzelhandelsbetrieben verkündet. Wichtige Fragen, die seit 1977 offen waren, sind seitdem entschieden. Zu einigen Rechtsfragen, die nicht Gegenstand seiner Entscheidungen waren, hat das *BVerwG* – entsprechend einer begrüßenswerten Übung des 4. Senats – den Beteiligten Hinweise auf die Auffassung des Gerichts gegeben, die Rechtssicherheit schaffen und somit künftige Streitigkeiten vermeiden helfen. Beispielhaft ist der eindeutige Hinweis darauf, was das Gericht für großflächig hält: „nicht wesentlich unter 700 qm, aber auch nicht wesentlich darüber“ [16].

Für die gemeindliche Planungs- und Genehmigungspraxis wichtige Passagen der Urteile sollen im folgenden einer ersten Einschätzung unterzogen werden.

1. Der Ausschluß von Einzelhandelsbetrieben durch Bebauungsplan nach § 1 Abs. 5 und Abs. 9 BauNVO

Durch Bebauungsplan können Einzelhandelsbetriebe auch in Gebieten, in denen sie nach der BauNVO an sich zulässig sind, ausgeschlossen oder in ihrer Zulässigkeit beschränkt werden. In der Planungspraxis wird dieses Instrument meist gegen Betriebe eingesetzt,

- die nicht großflächig i. S. von § 11 Abs. 3 BauNVO, der Gemeinde aber gleichwohl zu groß sind,
- bei denen trotz ihrer geringen Größe Nachteile i. S. von § 11 Abs. 3 befürchtet werden oder

15 Vgl. zur vorstehenden Argumentation *BVerwG*, a. a. O., S. 7.

16 *BVerwG*, Urteil v. 22. 5. 1987 – 4 C 30.86, S. 12.

– bei deren Größe Zweifel an der Großflächigkeit bestehen[17].

Am häufigsten richten sich planerische Festsetzungen dieser Art gegen Lebensmittelgeschäfte in Gewerbe- und Industriegebieten.

Die tatbestandlichen Voraussetzungen für Restriktionen enthalten § 1 Abs. 5 und Abs. 9 BauNVO. Zu § 1 Abs. 5 BauNVO verwirft das *BVerwG* das sog. Nummerndogma. Im Ergebnis bedeutet dies, daß es der Gemeinde gestattet ist, als „bestimmte Arten von Nutzungen" im Bebauungsplan auch einzelne der jeweils unter einer Nummer einer Baugebietsvorschrift der BauNVO zusammengefaßten Arten von Nutzungen auszuschließen[18]. § 1 Abs. 5 gibt den Gemeinden somit die Möglichkeit, Einzelhandelsbetriebe als solche in einem Gewerbe- oder Industriegebiet auszuschließen[19], weil Einzelhandelsbetriebe eine bestimmte Art der in § 2, §§ 4 bis 9 und § 19 BauNVO genannten Nutzungen sind[20].

Eine stärker ins einzelne gehende Differenzierung und Verfeinerung gestattet aber nur § 1 Abs. 9 BauNVO. Zu dieser Vorschrift macht das *BVerwG* rechtsgrundsätzliche Ausführungen[21], die eine Ermutigung für die Gemeinden darstellen, dieses Planungsinstrument häufiger anzuwenden:

„Das Besondere an den städtebaulichen Gründen nach § 1 Abs. 9 BauNVO 1977 besteht nicht notwendig darin, daß die Gründe von größerem oder im Verhältnis zu Abs. 5 zusätzlichem Gewicht sein müssen. Vielmehr ist mit besonderen städtebaulichen Gründen in § 1 Abs. 9 BauNVO gemeint, daß es spezielle Gründe gerade für die gegenüber Abs. 5 noch feinere Ausdifferenzierung der zulässigen Nutzungen geben muß."

Das Gericht stellt dann ausdrücklich fest, daß eine Planung nach § 1 Abs. 9 BauNVO nicht generell nur unter „erschwerten Voraussetzun-

17 Dieser Gesichtspunkt dürfte in Zukunft nur noch im Bereich um 700 qm Verkaufsfläche eine Rolle spielen. In diesem Bereich dient eine entsprechende Festsetzung im Bebauungsplan der Rechtssicherheit.

18 *BVerwG*, Beschluß v. 22. 5. 1987 – 4 N 4.86, BauR 1987, S. 520.

19 Ist der Ausschluß von Einzelhandelsbetrieben in bisher unbeplanten Gebieten vorgesehen, muß das Gebot positiver Bauleitplanung beachtet werden (vgl. *BVerwG*, Urt. v. 14. 7. 1972, DÖV 1972, S. 822, und v. 16. 2. 1973, DÖV 1973, S. 712). Die Planung darf sich nicht in einem Verbot von Einzelhandelsbetrieben erschöpfen.

20 *BVerwG*, Urteil v. 22. 5. 1987 – 4 C 77.84, S. 13, NVwZ 1987, S. 1074 (1075).

21 *BVerwG*, a. a. O.

gen“ zugelassen werden kann. Damit wird von ihm zielsicher eine bei den Gemeinden verbreitete Rechtsmeinung angesprochen und für irrig erklärt. Die Festsetzung von Flächenobergrenzen war oft an dem vermeintlichen zusätzlichen Begründungszwang und der Ratlosigkeit, wie ihm nachzukommen sei, gescheitert.

Dieses Urteil wird übrigens auch die Planungsabsichten von Gemeinden beflügeln, die auf einen Ausschluß von Spielhallen im Innenstadtbereich hinauslaufen. Der vermehrte Ausschluß von Spielhallen, deren Betreiber als Nachfrager am Immobilienmarkt preistreibend wirken, könnte sich dämpfend auf die Ladenmieten im Innenstadtbereich und damit positiv auf den Einzelhandel auswirken.

Von großer Tragweite erscheint ferner die Feststellung des Gerichts, daß Einzelhandelsbetriebe, die eine bestimmte Größe der Verkaufsfläche überschreiten, nicht schon deshalb auch „bestimmte Arten“ von baulichen Anlagen sind[22]. In der Praxis läuft dies darauf hinaus, daß zu der Flächenbegrenzung noch eine Sortimentsbestimmung hinzutreten muß. Zulässig wäre nach Auffassung des Gerichts auch der Ausschluß von Läden, die nicht mehr dem Typ des sog. Nachbarschaftsladens entsprechen[23].

2. Die Ausschlußwirkung von § 11 Abs. 3 BauNVO

Das *BVerwG* hat schon 1984 entschieden, daß § 11 Abs. 3 BauNVO 1977 neben den in den §§ 2 bis 9 BauNVO aufgeführten Baugebieten ein Baugebiet besonderer Art schafft, das „Gebiet für großflächigen Einzelhandel“[24]. Zugleich hat die Vorschrift Ausschlußwirkung insofern, als dem § 11 Abs. 3 Nr. 2 BauNVO unterfallende großflächige Einzelhandelsbetriebe und Einkaufszentren in anderen als Kern- und Sondergebieten unzulässig sind[25]. § 11 Abs. 3 BauNVO ist einmal Vorgabe für die Bauleitplanung, zum anderen Maßstab für die Zulässigkeit von Einzelhandelsbetrieben in sog. homogenen Gebieten nach § 34 Abs. 2 BauGB.

---

22 *BVerwG*, NVwZ 1984, S. 1074 (1076).
23 *BVerwG*, a. a. O.
24 *BVerwG*, Urteil v. 3. 2. 1984 – 4 C 54.80, S. 8.
25 *BVerwG*, a. a. O., S. 9.

a) Die Großflächigkeit

Das *BVerwG* stellt klar, daß der Begriff der Großflächigkeit mit Hilfe der Größe der Verkaufsfläche zu bestimmen ist[26]. Dies war auch vorher schon herrschende Meinung gewesen und änderte nichts an der Genehmigungspraxis.

Aus dem System der BauNVO wird dann die Grenze bestimmt, bei der ein Einzelhandelsbetrieb die Großflächigkeit erreicht bzw. überschreitet. Danach „beginnt die Großflächigkeit dort, wo üblicherweise die Größe solcher, der wohnungsnahen Versorgung dienender Einzelhandelsbetriebe, gelegentlich auch ‚Nachbarschaftsläden' genannt, ihre Obergrenze findet". Diese soll bei 700 qm liegen (weder wesentlich darunter noch wesentlich darüber)[27].

Für das Genehmigungsverfahren sind aus dieser Entscheidung zwei Konsequenzen denkbar:

(1) Das *BVerwG* geht, der BauNVO folgend, von einer Hierarchie der Ladengröße aus, beginnend bei reinen Wohngebieten (Läden zur Deckung des täglichen Bedarfs) über allgemeine Wohngebiete (der Versorgung des Gebietes dienende Läden) und Mischgebiete (Einzelhandelsgeschäfte) bis hin zu den großflächigen Einzelhandelsbetrieben der Kern- und Sondergebiete. Die im Vergleich zur Rechtsprechung des *VGH Mannheim* niedrige Grenze der Großflächigkeit könnte die Verkaufsflächen-Obergrenze für die Läden der wohnungsnahen Versorgung nach unten drücken. Bisher wurden in ständiger Genehmigungspraxis in allgemeinen Wohngebieten durchaus Läden von 600 qm, in Mischgebieten solche von 700 qm Verkaufsfläche und mehr als gebietsbezogen akzeptiert[28].

Ob diese Praxis haltbar ist, erscheint zweifelhaft. Es wäre nämlich im System der BauNVO, wie es das *BVerwG* durch das 700 qm-Diktum konkretisiert hat, systemwidrig, den mit dem Typus des großflächigen Einzelhandelsbetriebes verbundenen (angestrebten) größeren Einzugsbereich bei 700 qm Verkaufsfläche anzusiedeln und einem Betrieb annähernd gleicher Größe in einem allgemeinen Wohngebiet noch das Merkmal der Gebietsbezogenheit zuzuerkennen.

---

26 *BVerwG*, Urteil v. 22. 5. 1987 – 4 C 30.86, S. 7.

27 *BVerwG*, a. a. O., S. 12.

28 Vgl. *Fickert/Fieseler*, BauNVO, 5. Auflage, § 6, Anmerkung 5.

(2) Es entsprach bisheriger Praxis, in den Ortsteilzentren von Städten Einzelhandelsbetriebe von 700 qm Verkaufsfläche und mehr zu gestatten, wenn die Verkehrssituation dies zuließ, was meistens der Fall war. Betriebe dieser Größenordnung wurden, wie soeben erwähnt, auch dann genehmigt, wenn sie in Misch- oder allgemeinen Wohngebieten lagen. Die Fortführung dieser Genehmigungspraxis ist nun auch unter dem Gesichtspunkt des Nachbarschutzes fragwürdig geworden.

Der Festsetzung eines allgemeinen Wohngebietes wird nachbarschützende Wirkung zuerkannt[29]. Die Zulassung eines großflächigen Einzelhandelsbetriebes ist wegen des typischerweise (angestrebten) größeren Einzugsbereiches und des damit verbundenen Verkehrsaufkommens nachbarschutzrechtlich zumindest bedenklich, nachdem in einem allgemeinen Wohngebiet nur Läden zur gebietsbezogenen Versorgung zugelassen werden dürfen, also solche mit typischerweise geringerem Verkehrsaufkommen. Auf die Reduzierung der für die Regelvermutung maßgeblichen Geschoßflächenzahl können sich Nachbarn dagegen nicht berufen; diese hat keine nachbarschützende Wirkung. Nach unserem Ermessen erzeugt die Rechtsprechung des *BVerwG* in diesem Punkt also eine Tendenz zur Flächenreduzierung bei den Betrieben in reinen und allgemeinen Wohngebieten. Nachbarklagen dürften aussichtsreicher werden.

b) Das Kriterium der nachteiligen Auswirkungen sowie vom Regelfall abweichende besondere Umstände

Das *BVerwG* weist darauf hin, daß es für die Prüfung vom Regelfall abweichender Umstände eine Rolle spielen kann, in welchem Maße ein auf die Errichtung eines großflächigen Handelsbetriebes zielendes Vorhaben die Größenordnung von 1500 qm Geschoßfläche überschreitet, an welche die Regelvermutung geknüpft ist[30]. Es kann ein einheitlicher Betrieb vorliegen, wenn das Vorhaben zwei selbständige Baukörper umfaßt, in denen zwei Märkte in einer Hand, mit aufeinander abgestimmtem Sortiment betrieben werden. Als Folge dieser Betrachtungsweise sind die Geschoßflächen (Verkaufsflächen) beider Märkte in der Summierung für § 11 Abs. 3 BauNVO maßgeblich.

29 *Fickert/Fieseler*, a.a.O., § 4, Anmerkung 2.
30 *BVerwG*, Urteil v. 22. 5. 1987 – C 77.84, S. 21.

Umgekehrt gilt – und das wird im Genehmigungsverfahren auch so praktiziert –, daß zwei Märkte, die nicht in einer Hand und ohne Sortimentsabstimmung betrieben werden, zwei rechtlich selbständige Betriebe im Sinne von § 11 Abs. 3 BauNVO auch dann bleiben, wenn sie in einem Gebäude untergebracht sind.

Eine Aufspaltung der Verkaufsfläche bietet sich zur Umgehung der Regelvermutung nach § 11 Abs. 3 BauNVO nach den Erfahrungen der Praxis für Antragsteller an. Es ist aber ständige Genehmigungspraxis, daß die häufig im Eingangsbereich von Verbrauchermärkten untergebrachten Verkaufsstellen für Backwaren, Blumen etc. der Verkaufsfläche[31] des Hauptbetriebes zugerechnet werden, und zwar auch dann, wenn jene privatrechtlich unabhängig vom Hauptgeschäft betrieben werden. Es ist aber möglich, bei baulicher Abgeschlossenheit von Verkaufseinheiten und selbständiger, nicht abgestimmter Geschäftsführung die planungsrechtliche Selbständigkeit der Betriebe auch dann anzuerkennen, wenn sie sich unter einem Dach befinden. Die Selbständigkeit der Betriebe kann durch Baubescheid sichergestellt werden.

Im Falle eines Gewerbegebietes mit Ausschluß von Lebensmittelgeschäften über 600 qm Verkaufsfläche war ein Vorhaben beantragt, das in einem Gebäude zwei Läden mit insgesamt 800 qm Verkaufsfläche vorsah. Zur Einhaltung der Festsetzungen des Bebauungsplans wurde in den Baubescheid folgende Bedingung aufgenommen: „Solange die Festsetzung (Ausschluß von Lebensmitteleinzelhandel über 600 qm Verkaufsfläche) des Bebauungsplans besteht, darf auf der in den Bauvorlagen mit Textilmarkt bezeichneten Fläche nur ein Einzelhandelsbetrieb für Non-Food-Artikel betrieben werden. Dieser Einzelhandelsbetrieb ist jederzeit rechtlich, wirtschaftlich und organisatorisch unabhängig von der benachbarten Einzelhandelseinheit zu führen, solange diese ein Lebensmittelsortiment anbietet."

Den Festsetzungen des Bebauungsplanes wird dadurch Genüge getan. Die Problematik einer solchen Lösung liegt nicht im planungsrechtlichen, sondern im verwaltungspraktischen Problem der Überwachung einer solchen Klausel mit „Dauerwirkung".

31 Vgl. *VGH Mannheim*, Urteil v. 20. 3. 1985 – 3 S 309/84. Die Verkaufsfläche umschließt die dem Verkauf dienende Fläche einschließlich der Gänge, Treppen, Standflächen für Einrichtungsgegenstände, Schaufenster und Freiflächen, soweit sie dem Kunden zugänglich sind.

IV. Ausblick

Der Handel, insbesondere der Einzelhandel, ist gekennzeichnet von einer zunehmenden Unternehmens- und Umsatzkonzentration. Besonders deutlich treten Konzentrationstendenzen im deutschen Lebensmittelhandel hervor[32]. Die von *Dichtl* in diesem Zusammenhang genannten Zahlen[33] zeigen einen Trend von einer Stärke, der nicht aufzuhalten ist. Daher werden sich auch die Genehmigungs- und Planungspraxis immer stärker mit den Vermarktungsformen und -größen der großen Handelshäuser auseinandersetzen müssen, die den allgemeinen Trend bestimmen.

Planungs- und Genehmigungspraxis verfügen über die rechtlichen Möglichkeiten, große Einheiten von der grünen Wiese fernzuhalten. Dem auch aus der Genehmigungspraxis ablesbaren Trend zu „mittleren" Einzelhandelsgrößen um 800 qm Verkaufsfläche in Ortslagen sollten die Gemeinden dagegen nicht um jeden Preis entgegenwirken. Wo dies die Stadtteilzentren mit ihrer Infrastruktur verkraften, sollten Läden dieser Größenordnung mit der Bereitschaft zum städtebaulichen Kompromiß behandelt werden. Läden dieser Größenordnung verbessern und sichern die Versorgung der Bevölkerung im fußläufigen Bereich der Ortsteilzentren. Ihre Ansiedlung dort mindert zugleich den Druck auf die peripher gelegenen Standorte. Neben solchen Betriebsgrößen haben jederzeit auch Spezialisten aller Sparten des Einzelhandels ihren Platz, wie ein Blick auf solchermaßen bereits ausgestattete Ortsteilzentren zeigt. Um dieser Vorteile willen sollten, wo immer möglich, die Verkehrsprobleme gelöst und nicht zum Anlaß für die Ablehnung solcher Vorhaben genommen werden.

Planungs- und Genehmigungsbehörden dürfen bei der städtebaulichen Beurteilung von Einzelhandelsstandorten nicht beim Aspekt der Wohnungsnähe (Fußläufigkeit) stehenbleiben. Neben dieser muß für die Ortsteilzentren auch die Qualität der Versorgung gesichert werden. Dies setzt im Lebensmittelbereich voraus, daß auch in den Ortsteilzentren die Ansiedlung von Geschäften mit Vollsortiment

32 *Dichtl*, Keine Warengrube, sondern eine Stätte der Begegnung, Der Lebensmittelhandel heute/Das Bild der Branche, in: Blick durch die Wirtschaft, Nr. 121, 29. Jg. (1986), 30. 6. 1986, S. 3.

33 Siehe S. 117 ff. dieses Buches.

ermöglicht wird. Ein Vollsortiment besteht aus ca. 8000 bis 9000 Artikeln, wozu noch Fleisch und Obst/Gemüse kommen[34]. Läßt man Vorhaben dieser Größenordnung in Ortsteilzentren nicht zu, erleiden diese Strukturnachteile, die langfristig – bei ständig wachsender Sortimentsbreite – zu einer Unterversorgung der Bevölkerung in den Ortsteilen führen.

Mit Unterversorgung ist freilich nicht eine Notsituation bezeichnet, sondern das Zurückbleiben des Angebotes im Ortsteilzentrum hinter einem handelsüblichen Vollsortiment[35]. Planung, Genehmigungspraxis und Rechtsprechung sollten das verhindern, weil sonst die Standorte auf der grünen Wiese im Vergleich zu den Ortsteilzentren noch mehr an Attraktivität gewinnen würden. Es wird in Zukunft auch die Frage zu beantworten sein, ob die Fixierung der städtebaulichen Beurteilung auf die Verkaufsfläche ohne Berücksichtigung ihrer Abhängigkeit vom Sortiment noch zu sachgerechten Ergebnissen führt.

Eine Entwicklung in diese Richtung könnte durch eine gewisse Kompromißbereitschaft bei den Investoren gefördert werden. Bevölkerung und Verwaltung haben – endlich – ihre Liebe zu den gewachsenen, meist alten Zentren auch in den Vororten entdeckt. Gestalterische Minimallösungen (Schuhkartonarchitektur), wie sie die Ortsränder zahlreicher Gemeinden negativ prägen[36], werden heute in den Ortslagen nicht mehr hingenommen. Künftigen Investoren werden folglich höhere Anstrengungen zur Erzielung von architektonisch in das Orts- und Straßenbild integrierten Lösungen abverlangt.

Periphere Großvorhaben zu verhindern, bleibt auch in Zukunft ein städtebauliches „Muß“. Bauliche Veränderungen der vorhandenen Betriebe zur Anpassung an verändertes Einkaufsverhalten sind dadurch nicht ausgeschlossen. Was an peripheren Standorten nach wie vor genehmigungsfähig erscheint, sind Spezialmärkte, wie Bau-

---

34 Stadt- und Ortskerne ohne Geschäfte?, Boorberg 1987, S. 17 (am Markt sind z. Zt. 150000 Lebensmittelartikel).

35 Eingehend dazu: *Dichtl*, Unterversorgung, in: WiSt – Wirtschaftswissenschaftliches Studium, 5. Jg. (1976) S. 480–482; *Dichtl, E./Beeskow, W./Finck, G./Müller, S.*, Mängel in der Versorgung mit Waren des täglichen Bedarfs und Ansatzpunkte zu deren Überwindung, in: Marketing und Verbraucherpolitik, hrsg. von *U. Hansen, B. Stauss, M. Riemer*, Stuttgart 1982, S. 400–417.

36 Vgl. *Schlichter*, in: Stadt- u. Ortskerne ohne Geschäfte?, a. a. O., S. 38.

märkte und Gartenmärkte, die nach dem Willen der Stadtplaner in City-Lagen nicht erwünscht sind. Gleiches gilt für Garten-Center und Möbelgeschäfte.

Der Verwaltungspraktiker erhofft sich, daß die Attraktivität der City als Einzelhandelsstandort weiter steigt, und zwar in einem Maße, daß administrative Maßnahmen gegenüber Großprojekten deswegen überflüssig werden, weil diese nach den Gesetzen des Marktes dorthin gehen, wo sie die Stadtplaner haben wollen: in die Innenstadt. Die Innenstadtlagen profitieren vom Trend zum „Erlebniskauf“. Dieses vom Käufer gesuchte Erlebnis muß in der City nicht wie auf der grünen Wiese produziert werden. Es stellt sich durch die natürliche Vielfalt der Innenstadt von selbst ein.

D. Die Problematik der Ansiedlung von großflächigen Betrieben des Einzelhandels aus der Sicht eines Handelsunternehmens

Hans Christian Bremme, Wiesbaden

„Die großflächigen Einzelhandelsbetriebe werden als Stein des Anstoßes für den laufenden Strukturwandel im Handel gesehen. Abhilfe soll das Baurecht bringen[1]." „Wir können uns dann vielleicht rühmen, den kostengünstigsten Lebensmittel-Verteilapparat der Welt zu besitzen, aber in Sortimentsbreite und in Sortimentstiefe hätten wir ein mittleres Ostblock-Niveau[2]."

Diese Aussagen eines Geschäftsführers des DIHT und eines Generalbevollmächtigten eines Mitbewerbers sollen gleichsam Motto meiner Ausführungen sein.

I. Die Entwicklung des Lebensmittelhandels nach dem Zweiten Weltkrieg

Die Entwicklung des Lebensmittelhandels in der Nachkriegszeit ist – mit Blick auf unser Thema – vor allem von folgenden Erscheinungen geprägt.

---

1 *Haupt, H.*, Für unternehmerische Entscheidungen berechenbar bleiben, in: Denken und Handeln, Der 25. MMM-Kongreß, München, 8.–10. 2. 1987, S. 48–63, insbes. S. 49.

2 *Wiegandt, K.*, Zuviel Ware, zuviel Verkaufsfläche!, in: Dokumentation der 1. Unternehmertagung des deutschen Lebensmittelhandels am 16./17. April 1986 in Köln, S. 55–61, insbes. S. 61.

1. Das Flächenwachstum infolge Sortimentserweiterung

Während die Lebensmittelgeschäfte bis zum Zweiten Weltkrieg den typischen Charakter von Tante-Emma-Läden im heutigen Sinne hatten, machte nach dem Kriege vor allem die Aufnahme von Frischprodukten wie Obst und Gemüse, Milch und Fleisch, Flächen von 200 bis 300 qm notwendig.

1953 wurden, geradezu revolutionär und den USA entlehnt, die ersten Selbstbedienungsläden in der Bundesrepublik eröffnet. In dieser Zeit galten Verkaufsstellen zwischen 300 und 500 qm als Großflächenläden, die anzumieten und zu betreiben ein unternehmerisches Risiko darstellte. Selbstbedienung und die zunehmend verbesserten, immer mehr verfeinerten Verpackungsmethoden führten zur weiteren Integration problemloser Artikel in die Sortimente, insbesondere auch von Nonfood-Produkten. Die Notwendigkeit nach noch mehr Fläche wuchs.

In der Phase des Wiederaufbaus der Bundesrepublik Deutschland bis zur Mitte der sechziger Jahre lag der Investitionsschwerpunkt für die Ansiedlung von Einzelhandelsgeschäften in den weitgehend zerstörten Innenstädten. Es folgten die Zentren der Mittelstädte und die aus dem Boden schießenden Trabantenstädte oder Vorstädte, ein Prozeß, der längst abgeschlossen ist (*Tietz* nennt dies das klassische, primäre Ladeneinzelhandelsnetz, dessen Umsatz 1987 für alle Branchen auf ca. 340 Milliarden DM geschätzt wurde[3]).

Der zunehmende Wohlstand der Konsumenten, insbesondere die Motorisierung der Haushalte, führte zur Entwicklung der großflächigen Verbrauchermärkte, deren Verkaufsfläche zwischen 1965 mit 0,25 Mio. und 1987 auf insgesamt über 8 Mio. qm angewachsen ist (dies ist nach *Tietz* das sekundäre Einzelhandelsnetz mit geschätzten Umsätzen von ca. 90 Milliarden DM[4]).

Meistens liegen die Objekte dieses sekundären Netzes an verbraucherfreundlichen Standorten oder eben auf der grünen Wiese, mit der Folge, daß sie sich ihre eigene Kundenfrequenz erst schaffen müssen.

---

3 Siehe dazu: *Tietz, B.*, Der Handel auf dem Weg ins Jahr 2000, Vortrag im Rahmen der EUROSHOP 87, Düsseldorf, S. 34f.

4 Ebenda, S. 35ff.

Durch kundenfreundliche Sortimentspräsentation, preisaggressive Werbung, die Bereitstellung von Parkplätzen, Erleichterungen bei der Mitnahme der Waren durch große Einkaufswagen und weitere spezielle technische Hilfen werden Verbraucher angezogen[5]. Die hier getätigten Umsätze gingen und gehen hauptsächlich zu Lasten der Warenhäuser, die traditionsgemäß die City nicht verlassen haben.

Parallel zu dieser Entwicklung vollzog sich der Aufstieg der Discounter, die ein schmales, sich schnell umschlagendes Lebensmittelsortiment ohne hohen Servicegrad auf der unteren Preisschiene anbieten. Ihr Flächenbedarf war zunächst nicht groß und wurde anfangs durch die Verwertung zu klein gewordener Supermärkte gespeist.

2. Die Vertriebstypenstrategien der Handelsbetriebe

In der Aufbauphase der Bundesrepublik Deutschland gab es zunächst keine ausgefeilten Vertriebstypenstrategien. Standorte waren ausreichend vorhanden. Die Warenhäuser richteten ihre zerstörten Gebäude wieder ein, die Filialisten und Genossenschaften eröffneten Verkaufsstellen im Rahmen ihrer Investitionsmöglichkeiten. Die Vertriebstypen entwickelten sich durch die Aufnahme zusätzlicher Warengruppen im primären Ladennetz zwangsläufig. Sie wurden größer und rationeller gestaltet. Bauplanungsrechtlich gab es keine gravierenden Hindernisse.

Mit der Knappheit an Standorten, der Überbesetzung von Verkaufsstellen und dem zunehmenden Einkommen und der Mobilität der Verbraucher mußte aber in steigendem Maße strategisch gedacht und gehandelt werden. Supermärkte dehnten ihre Flächen wegen immer neuer Sortimente aus, Discounter siedelten sich stets preislich darunter an und vermehrten sich ihres Erfolges wegen sprunghaft. Verbrauchermärkte besetzten die letzten weißen Flecken in der Handelslandschaft, SB-Warenhäuser übertrafen sie an Größe und Sortimentsvielfalt. Dies alles geschah mehr und mehr nach klaren Strategien der Vertriebstypen, die sich an den Kundenbedürfnissen, den Wettbewerbern, den Standorten und der Investitionskraft des jeweiligen Unternehmens auszurichten hatten.

5 Ebenda, S. 36.

II. Der Einfluß des Bauplanungsrechts auf die Entwicklung des Handels

Grenzen wurden der Entwicklung aber auch durch eine Vielzahl gesetzlicher, vorwiegend neuer Bestimmungen gezogen, die mit darüber entschieden, was im einzelnen umsetzbar war. Beispielhaft dafür seien Hygienebestimmungen, gewerberechtliche Auflagen sowie baurechtliche und verkehrsrechtliche Vorschriften erwähnt. Sie konnten allerdings den Expansionsdrang der Unternehmen nicht grundlegend beeinflussen. Dies sollte sich erst durch das Bauplanungsrecht entscheidend ändern.

1. Das Bauplanungsrecht bis 1977

1962 wurde zwar schon eine erste BauNVO erlassen, die aber, wie bereits angedeutet, noch keine investitionshemmenden Auflagen enthielt. Großflächige Einzelhandelsobjekte waren in Gewerbegebieten zulässig. Sofern ein wesentlicher Unterschied des großflächigen Projektes zu der vorhandenen Bebauung des Gewerbegebietes entstanden wäre, konnte problemlos ein Sondergebiet ausgewiesen werden.

Ab 1968 wurde durch die veränderte BauNVO die Ansiedlung großflächiger Objekte schwieriger. Diese durften nur noch in Gewerbegebieten etabliert werden, sofern sie vorwiegend der gemeindlichen Versorgung dienten. Objekte mit vorwiegend übergemeindlicher Versorgungsfunktion konnten nur noch in festgesetzten Sondergebieten errichtet werden.

Durch die in diesen Jahren geförderten Gemeindezusammenschlüsse und die Schaffung von Großgemeinden wurde diese Vorschrift allerdings immer stumpfer. Es kam deshalb zu der einschneidenden BauNVO von 1977, die in der Tat entscheidenden Einfluß auf die Ansiedlungspolitik der Einzelhandelsunternehmen hatte.

2. Die BauNVO 1977 und ihre Auslegung

Nach dem Wortlaut des § 11 Abs. 3 BauNVO sind die zuständigen Baurechtsbehörden an der Genehmigung solcher Projekte nur bei unter landesplanerischen und städtebaulichen Aspekten möglichen nachteiligen Auswirkungen gehindert. Die Praxis sah aber bald anders aus.

Anfänglich wurde die neue BauNVO großzügig interpretiert. Die 1500 qm-Regel wurde meist pauschal angewendet; alle Bauvorhaben, die darunter lagen, wurden anstandslos genehmigt. Selbst größere Projekte fanden Befürworter. Wo Bebauungspläne nach altem Recht vorhanden waren, war es möglich, Verbrauchermärkte oder kleinere großflächige Handelsbetriebe anzusiedeln.

Mit der immer lebhafter werdenden Diskussion um die Konzentration speziell im Lebensmittel-Einzelhandel, dem Sterben der sogenannten Tante-Emma-Läden – zwischen 1979 und 1985 wurden allein 18 000 Lebensmittelläden geschlossen; von den noch bestehenden 95 000 werden im Jahre 2000 voraussichtlich nur noch 58 000 übrigbleiben[6] – und mit dem befürchteten Aussterben der Innenstädte wurde die Auslegung des § 11 Abs. 3 BauNVO immer engherziger.

Die Ziele der Raumordnung und Landesplanung oder der Stadtentwicklung waren jetzt keineswegs mehr ausschließliche Leitschnur für die Entscheidungen der Kommunen, sondern es kamen in verstärktem Maße Mittelstandsaspekte und Bedürfnisfragen hinzu. Es wurde geprüft, inwieweit in der zur Diskussion stehenden Branche Einzelhandelsfläche vorhanden war, und danach entschieden, ob eine Genehmigung erteilt oder versagt werden konnte.

Die planungsrechtlichen Ziele, die der BauNVO zugrunde liegen, wurden weitgehend in den Hintergrund gedrängt und durch neue Maßstäbe, nämlich den Schutz einzelner Geschäfte und damit die Festschreibung der vorhandenen Einzelhandelsstruktur, ersetzt. Immer wieder wurde dabei die These vertreten, daß die Ansiedlung von großflächigen Betrieben die Ausdünnung des stationären Einzelhandels im ländlichen Raum oder in Stadtrandlagen zur Folge hat und damit die Nahversorgung der Bevölkerung in zunehmendem Maße gefährdet[7].

---

6 Siehe: o. V., Nur noch 58 000 Lebensmittel-Einzelhandels-Geschäfte – Nielsen-Prognose für das Jahr 2000, in: Marketing Journal, 19. Jg. (1986), Heft 6, S. 522.

7 Vgl. Landeshauptstadt Hannover, Rahmenkonzept für Einkaufsstandorte, Stand April 1985, S. 8.

Der Ausleseprozeß im Lebensmittelhandel ist aber letztlich nicht aufzuhalten und weniger eine Folge der Ansiedlung neuer Objekte als vielmehr eine Frage der Struktur. Nachfolgeprobleme oder nicht überlebensfähige Kleinstflächen, die wegen Standort und Kundeneinzugsbereich kein ausreichendes Einkommen mehr erwirtschaften lassen, verursachen diesen Prozeß. Dem kann durch das Planungsrecht auch künftig nicht entgegengewirkt werden.

Es ist allerdings nicht zu verkennen, daß sich die Anwendung der BauNVO zur Verfolgung ausschließlich landesplanerischer und städtebaulicher Anliegen zwangsläufig auf die Freiheit und Funktionsfähigkeit des Wettbewerbs auswirkt. Die Ablehnung einer Baugenehmigung oder die mit einer Genehmigung verbundene Auflage zur Flächenreduzierung läßt einen Wettbewerber erst gar nicht entstehen oder nimmt ihm seine Schlagkraft[8]. Wenn aber, wie die Praxis immer deutlicher zeigt, die mögliche Verschärfung des Wettbewerbs durch ein neues Projekt im Vordergrund der Entscheidung steht, wird das Baurecht eindeutig verlassen[9].

Es kommt eine weitere Beschwernis hinzu, nämlich die Verunsicherung der um Genehmigung nachsuchenden Unternehmen. Jede Gemeinde hat ihre eigenen internen Richtlinien und Leitsätze. Vorgänge um eine behördliche Zustimmung werden unberechenbar, die Sorge, u. U. keine Genehmigung zu erhalten, steigt, der Zeitraum für eine positive Entscheidung oder für ein Versagen wird immer größer. Eine ausführliche, vor allem aber langwierige Begutachtung durch die Träger öffentlicher Belange gehört zur Tagesordnung. Selbst auf die Aussagen der Industrie- und Handelskammern ist kein Verlaß mehr. Diese Kammer nimmt tendenziell eine positive, jene eine grundsätzlich negative Haltung ein. Bei den Einzelhandelsverbänden weiß man wenigstens von vornherein, daß ihre Stellungnahme gegen jede Neuansiedlung ausfallen wird.

---

8 *Hoffmann, K.*, Auswirkungen der 1977 neugefaßten Baunutzungsverordnung auf die Ansiedlung von Handelsbetrieben und die räumliche Struktur des Handels, Zusammenfassung einer Studie des Forschungsinstituts für Wirtschaftspolitik an der Universität Mainz, Dezember 1983, S. 2.

9 Vgl. Einzelhandel im Bauplanungsrecht, Vorschläge des DIHT zur künftigen Gestaltung und Anwendung des Bauplanungsrechts auf großflächige Einzelhandelsbetriebe, Bonn, Juni 1986.

Das Fazit ist sicher nicht verkehrt, daß das Bauplanungsrecht in den letzten Jahren in zunehmendem Maße zu einer starken Reglementierung der Investitionen im Handel geführt hat und daß dies eine konsequent verfolgte politische Zielsetzung widerspiegelt[10]. Bestätigt wird diese Auffassung durch die Novellierung der BauNVO im Jahre 1987, durch die die Vermutungsgrenze von 1500 qm auf 1200 qm Geschoßfläche reduziert worden ist.

Sie wird aber auch deutlich durch das am 1. 7. 1987 in Kraft getretene neue Baugesetzbuch, dessen § 1 Abs. 5 Ziff. 8 ganz klar ausspricht, was bis dahin längst Praxis, aber noch nicht Gesetzestext war. Gefordert wird nunmehr, daß bei der Aufstellung der Bauleitpläne wie ehedem die Belange der Wirtschaft, jetzt aber – neu – „auch ihrer mittelständischen Struktur im Interesse einer verbrauchernahen Versorgung der Bevölkerung" berücksichtigt werden müssen. Wird hier nicht suggeriert, daß nur mittelständische Betriebe einen Beitrag zur verbrauchernahen Versorgung leisteten?

3. Investitionsschwerpunkte der Handelsbetriebe vor dem Hintergrund der BauNVO

Welche Konsequenzen haben nun die Einzelhandelsunternehmen, insbesondere die des Lebensmittel-Einzelhandels, aus dieser Gesetzesinterpretation, also der restriktiven Auslegung der BauNVO gezogen? Es ist nur zu verständlich, daß Einzelhandelsunternehmen vorwiegend in die Vertriebstypen investieren, deren Genehmigung schnell und sicher zu erreichen ist. Dies geschah von 1977 ab, aber besonders in den achtziger Jahren in folgenden Formen:

a) Der Markt

Dies ist ein Supermarkt-Vollsortimenter mit einer Verkaufsfläche von 900–1200 qm und den entsprechenden Nebenraumflächen. In den Verkaufsstellen wird das gesamte Lebensmittelsortiment nebst ausgewählten Nonfood-Artikeln wie Haushaltswaren, Geschenkartikeln, Spielzeug, Kleintextilien, Glas und Porzellan angeboten. Man verbindet dies in zunehmendem Maße mit einer hohen Serviceleistung, vor allem im Frischebereich.

---

10 Vgl. *Haupt, H.*, a. a. O., S. 50.

Als Standorte hierfür kommen wegen der beträchtlichen Mietbelastung weniger die Innenstädte als die Randgebiete der Großstädte und die Gemeinden ab 5000 Einwohnern in Betracht. Zu den führenden „Marken“ zählen MiniMal, Kontra, Tengelmann-Markt und Kaisers-Markt.

b) Der Discounter-Markt

Diese Vertriebsform bietet ein beschränktes, sich schnell umschlagendes Lebensmittelsortiment ohne besondere Serviceleistung vor allem preisaggressiv an. Wenn Discounter zunächst mit einer Größenordnung von 300 bis 500 qm auskamen, wuchs durch größere Sortimentsbreite und -tiefe sowie Aufnahme einiger Nonfood-Artikel der Bedarf an Fläche. Im Laufe der letzten Jahre pendelten sich Großdiscounter bei Größenordnungen von bis zu 1000 qm und mehr Verkaufsfläche ein[11]. Neben Aldi als dem Marktführer sind hier Plus, Norma, Penny oder Lidl zu nennen. Für die zweite Generation, die Großdiscounter, stehen die Namen Superplus, Heller & Pfennig, Price, Ran, Preisgut und Neumarkt.

c) Der Fachmarkt

Hierbei handelt es sich um ein Einzelhandelsgeschäft vorwiegend für Nonfood-Güter mit einem breiten und tiefen Sortiment einer oder mehrerer artverwandter Warengruppen. Dieser Vertriebstyp gliedert also Spezialsortimente aus und führt sie meist discountartig unter einem Dach. Beispiele dafür sind Schuhfachmärkte, Textilfachmärkte, Märkte für Spielzeug oder Elektroartikel, aber auch Bau- und Heimwerkermärkte. Bekannte Namen auf diesem Sektor sind etwa Deichmann, Adler, Saturn und Obi.

4. Weitere Restriktionen durch Bundesländer und Gemeinden

Die skizzierte Expansionspolitik begegnet inzwischen ernsthaften Schwierigkeiten. Bundesländer und Gemeinden haben Richtlinien erlassen oder Beschlüsse gefaßt, die die Vermutungsgrenze des § 11

---

11 *Bielefeld, K. W.*, Der Großdiscounter im LEH, in: Lebensmittel-Zeitung, 39. Jg., Nr. 41, 9. 10. 1987, S. 155–159.

Abs. 3 BauNVO nicht mehr als Richtschnur gelten lassen, sondern eine noch restriktivere Auslegung verlangen.

a) Die Bundesländer

Das Land Hessen beispielsweise hat mit Erlaß vom 10. 7. 1985[12] die Kommunen zur Berichterstattung an die oberste Landesplanungsbehörde verpflichtet, wenn sie von den Zielsetzungen der Raumordnung und Landesplanung abweichen wollen.

Bayern[13] fordert die Gemeinden auf, darauf zu achten, daß vor der Ansiedlung großflächiger Objekte in Großgemeinden bereits vorhandene Einkaufszentren, großflächige Einzelhandelsbetriebe und großflächige sonstige Handelsbetriebe zu berücksichtigen seien: „Besonders in den kleinen Städten, Märkten und Gemeinden kann es auch erforderlich sein, daneben die nicht großflächigen Einzelhandelsbetriebe in die Untersuchung und Darstellung einzubeziehen."

Im Sinne eines Erfolges verkündet der bayerische Wirtschaftsminister am 8. 7. 1987 im Rahmen einer Stellungnahme zu einer schriftlichen Anfrage folgendes:[14]

„Auch vor der geplanten Verschärfung hat die Landesplanung bei der Prüfung von Einzelhandelsgroßprojekten strenge Maßstäbe angelegt. Nach einer Erhebung des Staatsministeriums für Landesentwicklung und Umweltfragen wurde im Zeitraum von 1980 bis einschließlich 1985 für rd. 430 Vorhaben eine landesplanerische Überprüfung beantragt. Die beantragte Verkaufsfläche betrug mehr als 1,4 Mio. qm. Diese Fläche hat sich im Rahmen der Behandlung durch die Landesplanung um fast ein Drittel reduziert. Diese Reduktion erfolgte aber nicht pauschal über alle Bereiche, sondern ganz gezielt entsprechend der unterschiedlichen landesplanerischen Gewichtung der Gegebenheiten im Raum:

So wurden Großmärkte mit Waren des kurzfristigen Bedarfs (z. B.. Lebensmittel) wesentlich stärker reduziert als Märkte mit langfristigen Gütern (z. B. Möbel). Die Landesplanung hat damit die Bedeu-

12 Hessischer Staatsanzeiger, Nr. 30, 1985, Bd. 2, S. 1386f.

13 O. V., Großprojekte des Einzelhandels, in: Lebensmittel-Zeitung, 38. Jg., Nr. 19, 9. 5. 1986, S. 23.

14 *Bayerischer Landtag*, Drucksache 11/2668, S. 2.

tung der jeweiligen Warengruppe für eine funktionsfähige Versorgung entsprechend der Fristigkeit des Bedarfs berücksichtigt."

Der sog. Zöpelerlaß[15] des Landes Nordrhein-Westfalen aus dem Jahre 1986 spricht sich eindeutig für den Mittelstandsschutz aus, indem er die Gemeinden anhält, bei der Ansiedlung neuer Betriebe auch die mögliche Gefährdung von Kleinbetrieben nicht außer acht zu lassen.

b) Die Gemeinden

Zahlreiche Gemeinden gingen dazu über, interne, vom Baurecht völlig unabhängige Regeln aufzustellen, um die Investoren, die sich im Baurecht nicht auskannten, von der Ansiedlung von Märkten abzuschrecken. So beschloß z. B. die Stadt Wiesbaden[16], die Ansiedlung von Verbrauchermärkten „im Stadtgebiet in Zukunft zu verhindern" und Läden von mehr als 400 qm Verkaufsfläche außerhalb der im Zusammenhang bebauten Ortslagen nicht mehr zuzulassen. Ebenso verfährt man in Bremen.

Der Zweckverband Großraum Hannover[17] will mit der niedersächsischen Landeshauptstadt und den umliegenden Gemeinden einen Vertrag schließen mit dem Ziel, die Ansiedlung von Einzelhandelsflächen über 1200 qm in Zukunft grundsätzlich auszuschließen. Ganz in diesem Sinne beantwortet die Stadt Hannover eine Bauvoranfrage auf Ansiedlung eines Discounters mit einer Verkaufsfläche von 800 qm mit der Bemerkung[18]: „Ihr Vorhaben kann nicht als ein für die Versorgung des Gebietes unentbehrliches Ladengeschäft angesehen werden. Wir sehen die Obergrenze für den täglichen Bedarf in diesem Gebiet bei ca. 500 qm Bruttogeschoßfläche." Dies stellt eindeutig eine willkürliche Festlegung dar.

Vielfach werden Bauvorhaben auch um ein Jahr zurückgestellt, um in Eile für das Gebiet, in dem ein Objekt entstehen soll, einen Bebauungsplan aufzustellen. Dieser kann dann, wie z. B. in der schwäbischen Gemeinde Riedlingen, Verkaufsflächen für Nahrungs- und

15 O. V., Stadtverödung bremsen, in: Handelsblatt, 41. Jg., Nr. 161, 25. 8. 1986, S. 13.

16 Beschluß vom 8. 9. 1976.

17 O. V., Front gegen Großfläche, in: Lebensmittel-Zeitung, 39. Jg., Nr. 33, 14. 8. 1987, S. 3.

18 Schreiben vom 14. 3. 1984.

Genußmittel zulassen, aber solche für Drogeriewaren, Blumen, Papier- und Schreibwaren verbieten[19].

Diese Beispiele politischer Willensbekundung haben erheblichen Einfluß auf die Investitionsentscheidungen der Handelsbetriebe. Die „Vorfeldwirkung“ des § 11 Abs. 3 BauNVO und der einzelnen Erlasse war in den letzten Jahren beachtlich. Die noch nicht formalisierte ablehnende Haltung einer Kommune zu einer geplanten Ansiedlung reichte aus, daß sich investitionswillige Unternehmen zurückzogen. Bauvoranfragen oder Bauanträge wurden dann oft gar nicht mehr gestellt[20]. Zu gerichtlichen Auseinandersetzungen fehlte der Wille schon deshalb, weil durch die Länge eines Verfahrens das Festhalten an einem Standort wegen der wesentlichen Marktveränderungen zu riskant erschien.

5. Umgehungsversuche bei Genehmigungsverfahren

Die für Einzelhandelsbetriebe äußerst ungünstige Situation führt verständlicherweise seitens der Betroffenen immer wieder zu Versuchen, die BauNVO zu umgehen.

a) Die Kommunen

Zu denjenigen, die Umgehungsmöglichkeiten auszuschöpfen versuchen, gehören nicht nur Einzelhandelsbetriebe, sondern auch Kommunen. Zahlreiche Gemeinden haben nämlich nach wie vor Interesse daran, großflächige Einzelhandelsbetriebe entstehen zu sehen, wobei die Motive hierfür unterschiedlich sind. In der einen Gemeinde will der Bürgermeister zur Belebung seines Sprengels beitragen, in der anderen wollen Verwaltung und Körperschaften verhindern, daß die Kaufkraft in Nachbarkommunen abfließt. Hier erhofft sich ein Kommunalpolitiker Gewerbesteuererhöhungen, die im Regelfall allerdings Illusion bleiben, dort erwartet ein anderer, daß zusätzliche Arbeitsplätze geschaffen werden.

Manche Kommunen legen die eingereichten Bauanträge deshalb oft sehr großzügig aus oder weichen auf Flächen aus, die vor 1977 als

---

19 O. V., SB-Lebensmittelmärkte bis 1200 qm zulässig an Buchauer und Alter Unlinger Straße, in: Schwäbische Zeitung, 27. 5. 1987, S. 13.

20 *Hoffmann, K.*, a. a. O., S. 8.

Gewerbegebiet festgesetzt wurden. Es kommt auch vor, daß sie sich auf den Bestandsschutz älterer, bislang nicht genutzter Baugenehmigungen berufen oder gemäß § 34 BBauG entscheiden, ohne einen Bebauungsplan aufzustellen. Da Kommunen und Einzelhandelsbetriebe in diesen Fällen kolludieren, werden derartige Umgehungen selten akten- oder gerichtskundig.

b) Die Handelsbetriebe

Schwierig wird es für die Investoren, sich dem Zugriff der BauNVO zu entziehen, wenn sie dabei die Interessen der Kommunen tangieren. Einzelhandelsunternehmen versuchen aber dennoch ihr Glück. Der typische Umgehungstatbestand ist die nachträgliche Erweiterung kleinerer Betriebe zu großflächigen Einzelhandelsunternehmen, indem bisher nicht für den Laden genutzter Raum umgewidmet wird. Zuweilen werden auch Kombinationen mehrerer Betriebseinheiten, die als selbständige Geschäfte geführt werden und jeweils eine Fläche zwischen 1200 qm und 1500 qm aufweisen, aber einen Firmenverband bilden und auf einem Grundstück liegen, durchzusetzen versucht.

Manchmal gelingt es auch, als Nutzfläche das Erdgeschoß vorzuschlagen und vorhandene Keller, in denen dann Lager und Nebenräume untergebracht werden, außer acht zu lassen. Es sind auch zahlreiche Fälle bekannt, in denen mit der Kommune sozusagen ein Geschäft gemacht wird. Für eine größere Ladeneinheit wird eine aufzugebende kleinere Fläche zur Verrechnung angeboten, so daß für die Gemeinde nur die Differenz zwischen alter und neuer Verkaufsfläche als echte Mehrung in Erscheinung tritt.

Ein solcher Deal mit der Gemeinde kann aber genausogut umgekehrt erfolgen, wenn nämlich ein Einzelhandelsunternehmen eine kleinere Fläche in der Innenstadt aufweist und mit der Schließung des fraglichen Ladens bei Eröffnung eines neuen, an der Peripherie liegenden Großobjektes droht. Hier kann die Zusage, das kleine Geschäft in der City weiterzubetreiben, um zu deren Belebung beizutragen, für die Genehmigung des neuen Objektes hilfreich sein.

Manch eine Gemeinde läßt sich auch von dem Argument überzeugen, daß es schließlich allein auf die Verkaufsfläche ankommt, die für die gesamte planungsrechtliche Betrachtung relevant erscheint. In solchen Fällen können Kassenzonen und andere Nebenraumflächen bei der Berechnung der Nutzfläche ausgespart bleiben.

Diese Einzelbeispiele belegen, in welche Trickkisten zu greifen ist, um Investitionsentscheidungen herbeizuführen, die ein gewinnorientiertes Unternehmen für wirtschaftlich notwendig erachtet. Es bestätigt sich die Richtigkeit der eingangs wiedergegebenen Zitate, wonach die Ansiedlung von Handelsgeschäften in zunehmendem Maße vom Nachweis eines Bedürfnisses abhängig gemacht wird und daß die staatliche Investitionslenkung dahin tendiert, die Weiterentwicklung der Einzelhandelsvertriebsformen zu behindern.

6. Die Verschärfung der BauNVO seit 1987

Die inzwischen auf 1200 qm herabgesetzte Vermutungsregel des § 11 Abs. 3 BauNVO verschärft gesetzestechnisch die skizzierte Entwicklung[21]. Faktisch wird sich allerdings nichts Wesentliches ändern, weil die Neufassung im Grunde nichts anderes bewirkt hat, als der längst zur Praxis gewordenen Auslegung der alten Regel Gesetzesrang zu verleihen. Lange schon war man nicht mehr bereit gewesen, alles, was unter 1500 qm Nutzfläche liegt, zu genehmigen.

Die von einigen wegen ihrer Flexibilität gefeierte Novellierung[22] verkennt die Usancen in der Praxis. Die Vermutungsregel wird zur festen Barriere. 1200 qm bilden das Maximum, selbst weit darunter liegende Flächen verkörpern den Normalzustand.

III. Die zukünftige Entwicklung des Lebensmittel-Einzelhandels vor dem Hintergrund der geltenden BauNVO

Wohin führt die weitere Entwicklung des Lebensmittel-Einzelhandels unter dem Damoklesschwert der BauNVO?

---

21 Änderung vom 19. 12. 1986, BGBl I, S. 2665.

22 *Weyhenmeyer, H.*, Alte Fehler korrigiert, in: Die Zeit, 41. Jg., Nr. 40, 26. 9. 1986, S. 32; *Drohner, K.*, Mittelstandspolitik mit fragwürdiger Zielsetzung, in: Lebensmittel-Zeitung, 38. Jg., Nr. 42, 17. 10. 1986, S. 4.

(1) Verbrauchermärkte und SB-Warenhäuser zwischen 5000 und 20000 qm finden keine Befürworter mehr, d.h. die Gründungswelle ist weitgehend abgeebbt. Ein Anspruch auf die Ausweisung von Sondergebieten besteht nicht. Dieses bedeutet eine Besitzstandsgarantie und gleichsam Denkmalschutz für die bestehenden großflächigen Objekte. Manch ein Verbrauchermarkt-Unternehmen profitiert deshalb von dieser Entwicklung ebenso wie die Warenhäuser, die dies sogar öffentlich bekunden.

(2) Der Markttyp mit breitem Frischwarenangebot und hohem Servicegrad wird sich in der von der BauNVO erzwungenen Größenordnung durchsetzen und zunehmend die herkömmlichen Supermärkte ersetzen.

(3) Die Discounter werden weiter expandieren, ihre Sortimente aber so auslegen, daß sie auf den zulässigen Flächen immer noch stattliche Umsätze und Erträge erwirtschaften. Die Discounter der zweiten Generation werden dabei das Rennen für sich entscheiden. Im übrigen aber kommt es in diesem Bereich verstärkt zu Ersatzinvestitionen.

(4) Die Fachmärkte dürften weiter an Boden gewinnnen. Die Sortimente werden dabei künftig noch tiefer spezialisiert und überdies discountartig angeboten. Die Filialisierung wird weiteren Auftrieb erhalten.

(5) Auch wird die Diversifizierung zunehmen. Kapitalkräftige Einzelhandelsunternehmen des Lebensmittelbereichs bemühen sich, in artverwandte oder fremde Branchen (z.B. Uhren, Spielwaren, Schuhe und Heimwerkerbedarf) einzudringen.

(6) Die Auslandsinvestitionen werden zunehmen. Diverse europäische Länder, vor allem aber die USA, die ähnliche Hemmnisse nicht kennen, bieten sich für eine weitere Expansionsstrategie an.

(7) Der Versandhandel wird möglicherweise neue Impulse erhalten.

(8) Vor allem aber die technischen Innovationen, insbesondere das Teleshopping, werden gefördert werden[23].

Die BauNVO trägt damit zu einer wirtschaftlichen Entwicklung bei, die in ihrem Ausmaß noch nicht zu übersehen ist. Ob dies so

---

23 Vgl. *Tietz, B.*, Optionen bis 2030 im Einzelhandel, in: Lebensmittel-Zeitung, 38. Jg., Nr. 46, 14. 11. 1986, S. F 38–F 40, insbes. S. F 38.

gewünscht ist, mag bezweifelt werden. Die Urheber haben gewiß nicht so weit gedacht und die Folgen vermutlich nicht überblickt. Daß sich die bauplanerischen Regelungen aber letztlich auch gegen diejenigen richten, die geschützt werden sollen, nämlich die mittelständischen und genossenschaftlichen Unternehmen, hätte der Gesetzgeber allerdings vorhersehen können.

Eine den Verbraucherwünschen nach Vollversorgung und Sortimentsvielfalt entsprechende und betriebswirtschaftlich von allen Handeltreibenden als sinnvoll anerkannte Angebotsform des Einzelhandels, ein Markt zwischen 900 und 1500 qm Verkaufsfläche, kann sich nicht mehr entwickeln[24]. Darunter leiden auch kleinere mittelständische Betriebe, die den bestehenden Objekten nichts Gleichwertiges mehr entgegenzusetzen haben. Ihre Marktzutrittschancen und ihr Expansionsdrang werden gleichermaßen behindert. Es ist deshalb nicht verwunderlich, wenn gerade ein früherer Vorsitzender einer Genossenschaft feststellt: „Es gehört zu den paradoxen Erscheinungen unseres politischen Lebens, daß sich fast alle Bestimmungen, die man zum Schutze einer bestimmten Berufs- oder Personengruppe erlassen hat, letztlich gegen die zu Schützenden ausgewirkt haben[25]."

24 Diese Größenordnung wird vor allem von folgenden Faktoren bestimmt: Hinzukommen immer neuer Artikel, wachsender Grad der Technisierung – Frischeprodukte in Bedienung erfordern größere Kühlmöbel –, Erwartung der Kunden nach großzügigen Abläufen in den Märkten, verbesserte Distribution und Logistik – Waren auf Paletten und Nachtanlieferung.

25 *Fiene, R.*, Mehr Schaden als Nutzen für den Einzelhandel, in: Handelsblatt, 41. Jg., Nr. 212, 4. 11. 1986, S. 12.

E. Die Ansiedlung von großflächigen Betrieben des Einzelhandels im Spannungsfeld von Mittelstands- und Verbraucherpolitik

Erwin Dichtl, Mannheim

In einer Zuschrift an eine große deutsche Tageszeitung hielt ein Leser, seines Zeichens Geschäftsführer eines Landesverbandes des Einzelhandels, dem Verfasser eines ihm mißliebigen Artikels vor, er erweise sich als allzu naiver Anhänger eines frühkapitalistischen Liberalismus, der offenbar blind für die durch eine solche Haltung hervorgerufenen Strukturverwerfungen sei. Höchst besorgt fragt er, ob man denn die Veränderung der Marktgegebenheiten so ohne weiteres dem freien Spiel der Kräfte überlassen dürfe[1].

Der Briefschreiber wird noch deutlicher: „Ist eine Wettbewerbsordnung noch tragbar, in der der Tüchtige auch bei höchster Anstrengung keine Aussicht auf Erfolg hat?" Wenn dies freilich das entscheidende Beurteilungskriterium wäre, dürfte auch kein tüchtiger Arbeitnehmer entlassen werden. Jeder, dem nicht der Ruch des Faulpelzes anhaftet, wird den Verlust seines Arbeitsplatzes mit demselben Recht als Defekt unseres Wirtschaftssystems und als schreiende Ungerechtigkeit empfinden dürfen.

Wie gefährlich die Forderung nach einer konservierenden Strukturpolitik ist, offenbart sich auch in dem von dem erwähnten Verbandsvertreter vorgetragenen Argument, daß es zu einer „Verzerrung des Wettbewerbs zum Nachteil des innerstädtischen Handels zwischen den innerörtlichen Standorten und den Standorten an der Peripherie oder auf ‚der grünen Wiese' " gekommen sei. „Teurem Baugrund, aufwendiger Bauweise, hohen Auflagen für die äußere Gestaltung und die innere Sicherheit, daraus resultierend hohen Mieten oder

1 *Ratai, O.-M.*, „Reine Lehre" blind für Strukturqualität?, in: Frankfurter Allgemeine Zeitung, 10. 2. 1986, Nr. 34, S. 9.

Grundsteuern stehen ‚draußen' niedrige Grundstückspreise und entsprechend geringere Mieten und geringe sonstige Auflagen gegenüber." Weiter ärgert ihn, daß „man zu den neuen Märkten auf breiten Straßen ohne Einschränkung heranbrausen und dazu kostenlos auf spottbillig erstelltem Parkgrund das Fahrzeug abstellen kann".

Die eklatante Einseitigkeit der Sichtweise stellt den Autor als engagierten, aber auch egoistischen Verfechter ganz bestimmter Gruppeninteressen bloß. Gut ist, was den – weithin dem Mittelstand zugehörigen – Mitgliedern seines Verbandes nützt. Die Verbraucher werden in dem Gerangel um Durchsetzung von Wünschen ignoriert oder bestenfalls zu Komparsen degradiert.

Daß manche der Betroffenen zur Wahrung ihrer Interessen nicht einmal vor offenen Gesetzesverstößen zurückschrecken, zeigt das Verhalten eines in Hannover bestehenden Zweckverbandes. Dieser strebt den Abschluß eines Vertrages zwischen der Landeshauptstadt und den Umlandgemeinden an, mit dem die Ansiedlung von Einzelhandelsbetrieben mit über 1200 qm Geschoßfläche grundsätzlich ausgeschlossen werden soll. Der zuständige Verbandsdirektor spricht von „Abwehrfront" des örtlichen Einzelhandels und vertuscht damit den gesetzwidrigen Versuch der Betroffenen, von sich aus die als zu lasch empfundenen einschlägigen Rechtsnormen zu verschärfen. Dazu, was hierbei Gegenstand vertraglicher Regelung sein soll, äußert sich die Lebensmittel-Zeitung wie folgt:

> „Die Musterentwürfe wollen neue Einzelhandelsobjekte über 1200 qm Geschoßfläche (dies entspricht einer Verkaufsfläche von 700 bis 800 qm) außerhalb von Einkaufs-Zentren und städtischen Einkaufslagen ausschließen. Die Initiatoren betonen, daß die geplanten Vereinbarungen ausschließlich für neue Gewerbegebiete gelten sollen.
>
> Nichtsdestotrotz mutet der wiederholte Anlauf des Zweckverbandes Großraum nach Ansicht von Handelsunternehmen wie eine Generalklausel zur Verhinderung von neuen Einzelhandels-Objekten an. Schon jetzt bekommen viele Unternehmen täglich die restriktive Auslegung der Baunutzungsverordnung zu spüren. Bundesweit gibt es Probleme, neue Einzelhandelsbetriebe genehmigt zu bekommen. Dabei empfinden viele Unternehmen die von den Kommunen geltend gemachten städtebaulichen Bedenken oft als Scheinargument. Die baurechtlich geforderte Einzelprüfung erfolgt meist nicht, weil Kommunen parteipolitische Ziele verfolgen. Oft endet die Auseinandersetzung vor Gericht.

Dies könnte vielleicht auch im Fall der angestrebten Vereinbarung des Zweckverbandes Großraum in Hannover passieren. Denn letztlich bedeutet die verschärfte Baunutzungsverordnung (§ 11.3) keineswegs, daß Baugesuche für Einzelhandelsobjekte prinzipiell negativ zu bescheiden sind. So räumt man in Hannover offen ein, daß die rechtliche Zulässigkeit zur Zeit noch geprüft werde. Im Grunde geht es um eine ‚Selbstbindung politischer Gremien'. Denn bisher – und da ist Hannover kein Einzelfall – wollen sich viele Gemeinden zwar an die restriktive Auslegung der Baunutzungsverordnung halten. Dennoch aber werden alle Grundsatzerklärungen rasch über Bord geworfen, wenn eine Nachbarkommune einem selbst eine Großfläche wegschnappen könnte: ‚Viele Gemeinden sitzen argwöhnisch in den Startlöchern', bestätigt ein Mitarbeiter des Zweckverbandes[2]."

I. Das öffentliche Interesse und was daraus werden kann

Wozu ein solcher Gruppenegoismus führen kann, zeigt die Situation, die in den USA zur Entwicklung der „Public Regulation" oder „Public Utility Control" führte[3]. In den siebziger Jahren des vergangenen Jahrhunderts tobten dort immer wieder heftige Tarifkämpfe zwischen rivalisierenden Eisenbahngesellschaften. Eine scharf ausgeprägte Preisdifferenzierung zwischen langen und kurzen Strecken sowie großen und kleinen Kunden wurde von der Regierung als Indiz dafür betrachtet, daß es sich hierbei um einen „Ausnahmebereich" handle, in dem Wettbewerb offensichtlich nicht die ihm zugedachte Rolle spiele.

Da man für staatliche Interventionen eine gesetzliche Grundlage brauchte, wurde 1887 die Interstate Commerce Commission gegründet und mit weitreichenden Kompetenzen ausgestattet. Beispielsweise konnte diese Behörde Fahrpreise und Beförderungsbedingungen kontrollieren oder den Marktzutritt neuer Konkurrenten verhindern.

---

2 O. V., Droht Todesstoß für Großflächen?, in: Lebensmittel-Zeitung, 39. Jg., Nr. 33, 14. 8. 1987, S. 7.

3 Näheres dazu bei: *Kaufer, E.*, Industrieökonomik, München 1980, S. 376ff. und 397ff.

Regierung und Oberster Gerichtshof der USA fühlten sich bei ihren Maßnahmen bzw. Entscheidungen von einer Welle des „öffentlichen Interesses" getragen und sahen nicht, daß sie eine eng begrenzte Gruppe begünstigten und weite Teile der Bevölkerung benachteiligten. Da in einer parlamentarischen Demokratie, wie der Innsbrucker Nationalökonom *Erich Kaufer* in seinem Buch über „Industrieökonomik" betont, der einzelne Bürger nur in geringem Maße motiviert ist, sich über Nutzen und Kosten solcher Maßnahmen Klarheit zu verschaffen, können Interessengruppen im politischen Prozeß Sondervorteile für sich herausschlagen.

Sie müssen dazu lediglich über die erforderliche Stimmstärke verfügen, um die tonangebenden Parteien von der Nützlichkeit der Bevorzugung zu überzeugen und die vereinzelten Kritiker zu übertönen. Dies fällt vor allem dann leicht, wenn, wie der genannte Autor meint, die Zeche für die Sonderbehandlung von einer diffusen Masse beglichen werden muß, die sich weder hinlänglich zu informieren noch angemessen zu artikulieren vermag.

Nicht genug damit, fängt eine solche Kommission über kurz oder lang an, sich für den Wirtschaftszweig, dessen Arbeitsweise sie regelt, generell verantwortlich zu fühlen. Was dann geschieht, erklärt die sog. „Capture Theory" ganz ohne Emotion so: Früher oder später werde die betroffene Behörde von der zu beaufsichtigenden Branche gänzlich in Beschlag genommen, wobei sie fortan nur noch deren spezielle Interessen vertritt.

Daß derlei Dinge nicht nur im fernen Amerika geschehen und schon gar nicht eine Sache des vergangenen Jahrhunderts sind, zeigen Parallelen aus unserem Lande:

Wer hätte beispielsweise beim „Bundesministerium für Ernährung, Landwirtschaft und Forsten" je den Eindruck gehabt, daß dieses nicht zu allererst für die Bauern da ist? Von „Sicherung der Einkommen der Landwirtschaft" und, wenn die Umstände dazu zwingen, allenfalls noch von der Aufrechterhaltung der erforderlichen Qualität und Unbedenklichkeit bei Lebensmitteln und Getränken ist hier zumeist die Rede, nicht dagegen von einer Besserstellung der Verbraucher dank niedriger Preise für Agrarerzeugnisse.

Der zweite Fall führt uns an den Ausgangspunkt unserer Überlegungen zurück und mitten in unser Thema hinein. Daran, daß sich bei uns die Binnenhandels- im Schlepptau der Mittelstandspolitik befindet, besteht weder ein Zweifel noch scheint man in der Öffentlichkeit erkennbar Anstoß daran zu nehmen. Der Mittelstand und die Sachwalter seiner Interessen haben es verstanden, angebliche Belange der Verbraucher, wie z. B. die flächendeckende Versorgung, vor ihre eigenen zu schieben, was sie automatisch aus der Gefahrenzone bringt.

Weshalb melden sich hier nicht wenigstens die Großbetriebe des Handels stärker zu Wort? Einmal erscheint es ihnen politisch unklug, gegen eine vermeintlich populäre Strömung anzuschwimmen; zum anderen würden sie sich gelegentlich auch ins eigene Fleisch schneiden. Wenn es nämlich zunehmend schwieriger wird, attraktive Standorte für die Errichtung neuer Läden zu finden, ist dies ein Quell ungetrübter Freude für all diejenigen, die ihre Schäfchen schon ins Trockene gebracht, sich in einem bestimmten Gebiet also bereits festgesetzt haben, während maßgebliche Konkurrenten vielleicht sogar reizvolle Grundstücke besitzen, bestimmt aber keine Baugenehmigung bekommen.

Sicherlich wäre es auch Sache des Verbraucherschutzes, sich gegen die Bevormundung der Konsumenten durch einen Teil des Einzelhandels zu wehren. Die Verantwortlichen sind hier jedoch offensichtlich zu sehr mit Problemen des Lebensmittel- und des Vertragsrechts befaßt, als daß sie das Geschehen durchschauten und die Spielregeln änderten.

Erfreulich, daß sich wenigsten der Wissenschaftliche Beirat beim Bundesministerium für Wirtschaft in seinem im Dezember 1986 vorgelegten Gutachten zur „Wettbewerbspolitik“ bereit fand, ein deutliches Wort zu sprechen und einige von interessierter Seite immer wieder vorgetragene Befürchtungen zu entkräften. Die 29 Professoren, die dem Gremium angehören, kommen hinsichtlich der uns beschäftigenden Frage zu folgendem Ergebnis:

> „Festzustellen ist aber auch, daß die Konzentration des Einzelhandels in der Bundesrepublik Deutschland bei weitem nicht so hoch ist wie in den USA. Dort ist die Konzentration zum Beispiel im Lebensmitteleinzelhandel annähernd doppelt so hoch wie in Deutschland. Gleichwohl sind die Gewinnspannen (als Prozentsatz vom Umsatz) in Amerika nicht höher als in Deutschland. Das deutet darauf hin, daß der Wettbewerb trotz viel höherer Konzentration als in Deutschland wirksam geblieben ist. Die Eintrittsschranken für neue Konkurrenten, aber auch die Expansionsschran-

ken für mittlere und kleinere Unternehmen sind anscheinend ausreichend niedrig, so daß die Großunternehmen angesichts der potentiellen Konkurrenz nur über geringe Marktmacht verfügen.

In der Bundesrepublik Deutschland allerdings sind die Eintrittsschranken im Vergleich zu den USA wohl wegen der Regelung der Ladenschlußzeiten, wegen des Baurechts und wegen der Regulierungen der Finanzmärkte höher. Dennoch besteht wenig Grund zu der Sorge, bei fortschreitender Konzentration im Handel würde durch zunehmende Marktmacht die Versorgung der Verbraucher gefährdet oder aufgrund monopolistischer Marktmacht verteuert.

Auch das Argument, durch die Konzentration im Einzelhandel würden regionale Versorgungsprobleme auftreten, ist nach jüngsten Umfragen wenig fundiert. Grundsätzlich kann man damit rechnen, daß eventuelle Versorgungslücken, die bei einer großbetrieblichen Struktur des Einzelhandels entstehen, durch kleinere – zum Teil ambulante – Anbieter ausgefüllt werden. Das geschieht heute bereits in nicht geringem Umfang und würde durch Deregulierungsmaßnahmen gefördert werden[4]."

II. Die Rechtslage und ihre denkwürdigen Folgen

Daß die Wirtschafts- und Verwaltungspraxis ein ganz anderes Bild bieten, zeigen einige empirische Befunde, die wir in neuerer Zeit gewinnen konnten[5].

Es gibt nur zwei juristische Instrumente, um unerwünschten strukturellen Entwicklungen im Einzelhandel einen Riegel vorzuschieben: das Gesetz gegen Wettbewerbsbeschränkungen (GWB) mit dem Schwerpunkt auf der Fusionskontrolle und das Bauplanungsrecht, hier vor allem die Baunutzungsverordnung (BauNVO), der an dieser Stelle unser Hauptaugenmerk gilt. Wie wir bei einer Befragung von einem knappen Dutzend Unternehmen und einigen Behörden im Rhein-Neckar- und im angrenzenden Raum erfuhren, wird der berühmt-berüchtigte § 11 Abs. 3 BauNVO seinem Spitznamen „Verbrauchermarktbremse" mehr als gerecht.

4 Wissenschaftlicher Beirat beim Bundesministerium für Wirtschaft, Studien-Reihe 54, Wettbewerbspolitik, Gutachten, 1986, S. 28f.

5 Im einzelnen dazu: *Stengel, G.,* Der Einfluß des § 11 Abs. 3 BauNVO auf den Strukturwandel im Einzelhandel, unveröffentl. Diplomarbeit, Universität Mannheim, 1987.

Ein SB-Warenhaus-Unternehmen verwies auf 40, ein anderes auf 197 abgelehnte Bauanträge, wobei der letzten Zahl nur drei Genehmigungen gegenüberstehen. Ein weiteres Unternehmen erhielt für 10 Projekte mit einer Geschoßfläche von 1000–1500 qm Ablehnungsbescheide; für größere Projekte hatte man von vornherein nicht gewagt, einen Antrag zu stellen.

Soweit in den letzten Jahren die Errichtung großflächiger Handelsbetriebe oder die Erweiterung vorhandener Geschäfte gelangen, konnte dies von den Behörden in den meisten Fällen nur auf Grund des Vorliegens alter Bebauungspläne nicht verhindert werden. Gelegentlich hat man sich auch vor Gericht darum gestritten.

Ein wichtiger Stichtag war dabei der 1. 1. 1984, an dem nach § 44 Abs. 3 BBauG die Siebenjahresfrist für die Entschädigungspflicht wegen Wertminderung von Grundstücken auf Grund einer Änderung von Bebauungsplänen zwecks Anpassung an die BauNVO 1977 auslief. Nach Aussage eines Vertreters eines großen SB-Warenhaus-Unternehmens gehörte in der Zeit vorher die Drohung mit einer Schadensersatzklage gegenüber den Gemeinden für den Fall einer Umplanung alter Bebauungs- bzw. Flächennutzungspläne zum üblichen Druckmittel im Rahmen der Antragstellung. Ein anderer Gesprächspartner hatte, nachdem er in einem gegen eine Kommune geführten Prozeß obsiegte, die Möglichkeit, den ihm zugesprochenen Schadensersatz gegen die Genehmigung eines großflächigen Fachmarktes einzutauschen.

Werden heute, nach Ablauf der besagten Frist, in Gebieten, die der BauNVO 1962 oder BauNVO 1968 unterliegen, Anträge zur Genehmigung großflächiger Handelsbetriebe gestellt, fassen die beteiligten Gemeinden oftmals kurzfristig einen „Aufstellungsbeschluß“ zur Umplanung des jeweiligen Gebietes. Dem schließen sich häufig eine Veränderungssperre und später ein Bebauungsplan an, auf welchen die Vorschriften der BauNVO 1986 Anwendung finden. Beide führen zu dem gewünschten Effekt: Verbrauchermärkte und SB-Warenhäuser brauchen danach nur noch in vereinzelten Fällen genehmigt zu werden.

Weniger restriktiv verhalten sich die Behörden offenbar bei Fachmärkten. Doch auch hier zeichnet sich eine Verschärfung der Lage ab, weil man neuerdings auch von diesen unerwünschte Wirkungen im Sinne des § 11 Abs. 3 BauNVO ausgehen sieht.

Wenn man die Feststellungen unserer Gesprächspartner in der Wirtschaftspraxis zusammenfaßt, gelangt man zu dem Ergebnis, daß in keinem einzigen Fall mehr mit der problemlosen Genehmigung eines auch nur kleinen „großflächigen" Handelsbetriebs zu rechnen ist. Fast immer komme es zu einer gerichtlichen Auseinandersetzung, die im Einzelfall bis zu sieben Jahre dauern kann. Auch wenn der Prozeß verloren wird, sind dies doch für die beteiligten Behörden sieben gewonnene Jahre!

So berichtete ein Unternehmen, daß einer seiner „Fälle" beim Bundesverwaltungsgericht zur Entscheidung anstehe. Obwohl die klagende Kommune vor den untergeordneten Instanzen unterlegen war und aus der Sicht des betroffenen Unternehmens auch jetzt keine Chance hat zu gewinnen, scheute sich die fragliche Gemeinde nicht, diesen Weg zu beschreiten. Sie war offenbar vor allem darauf aus, Zeit zu gewinnen.

Im allgemeinen herrscht Vertrauen in die Justiz, auch wenn die befragten Unternehmen die extrem lange Verfahrensdauer bitter beklagen. Ein Gesprächspartner meinte einschränkend, er habe den Eindruck, daß erst auf der Ebene der Oberverwaltungsgerichte „objektiv" Recht gesprochen werde.

Daß die Lage im allgemeinen und die Rechtslage im besonderen mehr als unbefriedigend sind, bestätigen auch Behördenvertreter, die entweder Schwierigkeiten mit der Ermittlung der tatsächlichen Verkaufsfläche eines Betriebes oder mit der Einschätzung zu erwartender Auswirkungen im Sinne des § 11 Abs. 3 BauNVO haben. Während man bei kleineren Gemeinden und Mittelzentren Ablehnungen in Gewerbearealen und Ortsrandlagen gut mit einer unerwünschten Entwicklung zentraler Versorgungsbereiche und nachteiligen Folgen für die Versorgung der Bevölkerung begründen könne, seien die meisten im Gesetz genannten Kriterien auf Oberzentren kaum anwendbar. Vor allem ließen sich hier „Auswirkungen auf die (fußläufige) Versorgung der Bevölkerung" in Wohngebieten nicht nachweisen.

Man vernimmt förmlich das Bedauern, das aus diesen Worten spricht. Bezeichnenderweise war auch viel häufiger von „Versagung" als von „Genehmigung", von „Ablehnung" als von „Zustimmung", von „verhindern" als von „zulassen" die Rede. Eine seltsame Vorstellung von Marktwirtschaft, die zunächst einmal die vorhandene Anbieterstruktur zu zementieren versucht, statt den „Wandel im Handel" als Chance zu begreifen!

III. Szenarien der Güterverteilung

Welche Zukunft im Einzelhandel, insbesondere im Nahrungs- und Genußmittelsektor stellen wir uns vor? Um zu einer angemessenen Beurteilung des Strukturwandels im deutschen Distributionswesen zu gelangen, empfiehlt es sich, von zwei – alternativen – Szenarien auszugehen[6].

Situation A sei geprägt von einem Handel, der nur in geringem Maße konzentriert ist und sich in einem Zustand wettbewerbspolitischer Unschuld befindet. Tante Emma und Onkel Luigi beherrschen die Szene; wir fühlen uns in die gute alte Zeit zurückversetzt.

Situation B verkörpere demgegenüber eine moderne Form des Oligopols, also einer Marktform, bei der einige wenige Individuen oder Gruppen den Markt beherrschen. Um wen es sich dabei in unserem Lande handelt, verdeutlicht Abbildung 1.

Ob wir das eine oder das andere *wollen sollen*, läßt sich nun nicht nach dem trivialen Muster der „einfachen Antwort auf eine einfache Frage" klären, sondern bedarf einer sorgfältigen Abwägung widerstreitender Gesichtspunkte. Dabei haben natürlich auch politische Wertungen ihren Platz. Es dient dem Verständnis, wenn wir unsere Überlegungen nach dem in Abbildung 2 skizzierten Muster strukturieren.

---

6 Die folgenden Überlegungen hat der Autor erstmals an anderer Stelle vorgetragen. Siehe dazu: Auf Konzentrationskurs – Argumente gegen eine konservierende Strukturpolitik, in: Lebensmittel-Zeitung, 38. Jg., Nr. 15, 11. 4. 1986, S. F 18–F 21.

Abbildung 1: Umsatzkonzentration im Deutschen Lebensmittelhandel 1986

Firma	Umsätze + in Mio. DM bzw. % vom gesamten LH-Umsatz	
1. Aldi-Gruppe	18 400*	10,4%
2. Metro-Gruppe	18 234*	10,3%
3. Tengelmann-Gruppe	11 817*	6,7%
4. Rewe-Leibbrand	11 609	6,6%
5. Asko-Schaper-Massa	10 426	5,9%
6. Coop-Bolle	10 406	5,9%
7. Karstadt	8326	4,7%
8. Hertie	4922	2,8%
9. Spar AG	3712	2,1%
10. Allkauf	3545	2,0%
11. Horten	2831	1,6%
12. Lidl & Schwarz	2784	1.6%
13. Nanz + Partner	1920	1,1%
14. Coop Dortmund-Kassel	1907	1,1%
15. Deutscher Supermarkt	1889	1,1%
16. Spar Ellhofen-Gruppe	1877	1,1%
17. Wertkauf	1850*	1,0%
18. AVA	1823	1,0%
19. Rewe Dortmund	1813	1,0%
20. Norma-Roth	1700*	0,9%

1986		
Umsatz der TOP 20:	121,8 Mrd. DM	(69%)
Übrige LH-Firmen:	55,1 Mrd. DM	(31%)
LH-Umsatz gesamt:	176,9 Mrd. DM	(100%)

+ Netto-Gesamtumsätze * G & L-Schätzung

Auszug aus der Studie „G + L Umsatzkonzentration – Die TOP 200 1987/88“

Quelle: Lebensmittel-Zeitung, 39. Jg., Nr. 52, 23. 12. 1987, S. 5.

Abbildung 2: Szenarien der Versorgungsstruktur mit ihren ökonomischen Konsequenzen

Szenario A: Niedrigkonzentrierter Handel

	positiv	negativ
1 Hersteller	Geringe Abhängigkeit	Niedrige Losgrößen
2 ↓		Hohe Transportkosten
3 Handel	Vielzahl von Betrieben, Erhaltung von Arbeitsplätzen	Hohe Betriebskosten
4 ↓	Niedrige Verteilungskosten, keine Belastung der Infrastruktur	
5 Verbraucher	Einkauf zu Fuß, flächendeckende Versorgung, geringe Beschaffungskosten	Hohe Preise

Szenario B: Hochkonzentrierter Handel

	positiv	negativ
1 Hersteller	Hohe Losgrößen	Große Abhängigkeit
2 ↓	Niedrige Transportkosten	
3 Handel	Niedrige Betriebskosten	Geringe Zahl von Betrieben, Verlust von Arbeitsplätzen
4 ↓		Belastung der Infrastruktur, hohe Verteilungskosten
5 Verbraucher	Niedrige Preise	Erschwerter Zugang zu Versorgungsstätten, Notwendigkeit der Benutzung von privaten oder öffentlichen Verkehrsmitteln, hohe Beschaffungskosten

IV. Kosteneffekte und soziale Belange

(1) Hat ein Hersteller nur wenige, große Abnehmer, kommt er in den Genuß von attraktiven Losgrößen, während er sich sonst mit arbeitsaufwendigen, kostentreibenden Kleinaufträgen herumschlagen muß. Er hat damit auch alle Möglichkeiten, von der sog. Erfahrungskurve zu profitieren, die ihm deutliche Kostenvorteile beschert[7].

Allerdings läuft er zugleich Gefahr, von einer kleinen Schar marktmächtiger Kunden abhängig zu werden. Der Tatbestand ist aus dem Gesetz gegen Wettbewerbsbeschränkungen hinlänglich bekannt. Nicht auszuschließen, daß sich unser Produzent über kurz oder lang bei einer Form des Verteilungskampfes angekommen sieht, die man heute allgemein als „Nicht-Leistungswettbewerb" umschreibt.

(2) Nun lassen sich große Mengen, auf's Stück bezogen, billiger als kleine befördern. Dies gilt nicht nur für die Belieferung des Handels durch die Hersteller, sondern, soweit diese Zäsur überhaupt noch vorgenommen werden kann, auch für die Logistik auf der Ebene Großhandel-Einzelhandel sowie innerhalb des Einzelhandels. Analoge Überlegungen sind für die Kosten der Betreuung von Kunden anzustellen.

Daß die Doktrin des „bigness is badness" längst überwunden sein sollte, hat vor einiger Zeit einmal ein prominenter Repräsentant der Branche, der Mitgesellschafter der Tengelmann-Gruppe *Erivan Haub*, mit folgender Feststellung untermauert: Im Grunde lohne sich die Belieferung von Einzelhandelsstützpunkten für ein Filialunternehmen nur, wenn man regional über einen Marktanteil von mindestens 20% verfüge. Von da her läge eigentlich der Austausch von Läden bzw. Anschlußkunden unter den einzelnen Handelsgruppen nahe, doch ist dies in der Bundesrepublik Deutschland, etwa im Gegensatz zu den Vereinigten Staaten, nicht zulässig.

(3) Großbetriebe des Handels arbeiten erwiesenermaßen mit niedrigeren Betriebskosten als ihre mittelständischen Konkurrenten. Sie profitieren über ihre günstigeren Einkaufspreise hinaus von einem

---

7 Zur Erfahrungskurve siehe: *Bauer, H. H.*, Das Erfahrungskurvenkonzept – Möglichkeiten und Problematik der Ableitung strategischer Handlungsalternativen, in: WiSt – Wirtschaftswissenschaftliches Studium, 15. Jg. (1986), S. 1–10.

professionellen Management und sog. „economies of large scale" (= größenbedingte Kostenvorteile). Auf diesen Aspekt weist auch die Monopolkommission in ihrem Sondergutachten Nr. 14 mehrfach hin, ohne allerdings von da weg die Brücke zu den Verbraucherpreisen zu schlagen[8].

Eine Gruppe wie Rewe-Leibbrand hält diese Vorteile allerdings nur dann für realisierbar, wenn man bereit sei, die kleinen Geschäfte zu schließen und in den Regionen zu wachsen, in denen man bisher unterrepräsentiert ist[9]. Dieses Unternehmen hat 1986 56 Geschäfte mit einer durchschnittlichen Verkaufsfläche von 335 qm geschlossen und 163 mit einem entsprechenden Wert von 885 qm neu eröffnet.

Daß man bei dieser Größenordnung nicht halt machen werde, begründet der Generalbevollmächtigte *Klaus Wiegandt* wie folgt: „Der Vollsortimenter braucht eine Verkaufsfläche von 1000 Quadratmetern, um die Ware kundengerecht präsentieren zu können." Alle politischen Bestrebungen, neue Geschäfte über die Baunutzungsverordnung auf kleinere Verkaufsflächen zu beschränken, seien kein Schutz für die Tante-Emma-Läden, sondern begünstigten die Discounter. Gegenwärtig habe Rewe-Leibbrand noch 180 Läden, die über kurz oder lang wegen zu kleiner Verkaufsfläche geschlossen würden.

Fast wie abgesprochen klingt, was der Vorstandsvorsitzende der Coop, Frankfurt, *Bernd Otto*, bei einer Bilanzbesprechung seines Unternehmens wenige Tage vorher vorgetragen hatte[10]. Die veränderten Verbrauchsgewohnheiten der Kunden verlangten ein breiteres Angebot des Handels. Ein gutes Lebensmittelsortiment sei aber nur auf einer Fläche von mehr als 800 qm zu präsentieren. Er wandte sich damit gegen Pläne der Politiker, zum angeblichen Schutz des Einzelhandels Verkaufsflächen noch weiter zu begrenzen. Regelungen dieser Art seien nicht nur verbraucherfeindlich, sondern auch betriebswirtschaftlich unvernünftig.

---

8 Monopolkommission, Sondergutachten 14, Die Konzentration im Lebensmittelhandel, Baden-Baden 1985, S. 50f.

9 Siehe dazu: o. V., Rewe-Leibbrand weiterhin mit hohen Wachstumsraten, in: Frankfurter Allgemeine Zeitung, 9. 7. 1987, Nr. 155, S. 13.

10 Siehe dazu: o. V., Coop auf dem Weg zum größten Fachmarktkonzern, in: Frankfurter Allgemeine Zeitung, 2. 7. 1987, Nr. 149, S. 17.

Gäbe es die Großbetriebe des Handels nicht, läge der Preispegel für Nahrungs- und Genußmittel, wie *Klaus Wiegandt* bei anderer Gelegenheit einmal schätzte, um 10–15% über dem heutigen Niveau. Bei einem 1985 im Einzelhandel mit Nahrungs- und Genußmitteln erzielten Umsatz von knapp 155 Mrd. DM schlägt dies mit zwischen 15 und 23 Mrd. DM in den Budgets bundesdeutscher Haushalte zu Buche[11].

Wenn man den genannten Unternehmen die Preisführerschaft zuerkennt, folgt daraus zwangsläufig, daß sie es waren, die wesentlich dazu beigetragen haben, daß der Preisindex für Nahrungsmittel und Getränke in den letzten Jahren stets, und zwar oft beträchtlich, hinter der Marke für die gesamte Lebenshaltung aller privaten Haushalte hinterherhinkte. Wäre diese Kennzahl um die Preise für Nahrungs- und Genußmittel bereinigt, wäre die Diskrepanz noch ungleich größer. Nähere Aufschlüsse dazu vermitteln die Tabellen 1 und 2.

Tabelle 1: Entwicklung des Preisindex verschiedener Güter- und Warengruppen – Alle privaten Haushalte – (1980 = 100)

Gruppen	1981	1982	1983	1984	1985	1986	1987
Gesamtlebenshaltung	106,3	111,9	115,6	118,4	121,0	102,7	121,0
Nahrungs- und Genußmittel[1]	104,8	111,3	114,3	116,0	116,9	117,6	117,0
Bekleidung, Schuhe	105,1	109,8	113,0	115,7	118,4	120,6	122,2
Wohnungsmieten (inkl. Nebenkosten)	104,4	109,7	115,6	120,0	123,9	126,4	128,7
Energie (ohne Kraftstoffe)	116,3	125,6	124,5	128,8	133,4	116,4	106,1
Güter für die Gesundheits- und Körperpflege	105,2	111,0	115,6	118,0	119,7	121,5	122,8

1 Einschließlich Verzehr in Gaststätten

Quelle: Statistisches Bundesamt, Wiesbaden

11 Näheres dazu: *Dichtl, E.,* Der Lebensmittelhandel heute, in: Der Verbraucher, Nr. 16, 15. 8. 1986, S. 8f., und Nr. 17, 1. 9. 1986, S. 8–10.

Tabelle 2: Entwicklung der Preise im Einzelhandel mit Nahrungs- und Genußmitteln nach Wirtschaftsgruppen – Index der Einzelhandelspreise[1] – (1980 = 100)

Wirtschaftsgruppe	1981	1982	1983	1984	1985	1986	1987
Einzelhandel mit Nahrungs- und Genußmitteln, Gemischtwaren	104,8	111,2	113,8	115,6	116,3	116,9	116,1
Einzelhandel mit Gemüse, Kartoffeln, Obst, Südfrüchten	110,0	112,9	111,3	120,6	116,2	114,6	*
Einzelhandel mit Milch, Milcherzeugnissen, Fettwaren, Eiern	105,5	109,5	111,7	113,3	112,4	111,5	*

1 Der Index bezieht sich nur auf die Umsätze der Einzelhandelsgeschäfte, nicht auf die Einzelhandelsumsätze anderer Unternehmen.
* Zahl noch nicht verfügbar.

Quelle: Statistisches Bundesamt, Wiesbaden

Mag auch der Preisvorsprung der Großbetriebe noch so imposant sein, bei einer anderen Versorgungsdimension vermögen sie der sprichwörtlichen Tante Emma nicht einmal das Wasser zu reichen: Diese versteht es, die sozialen Bedürfnisse ihrer Kund(inn)en weitaus besser zu befriedigen. Die Wettbewerbstheorie interessiert sich indessen für diese zutiefst menschliche Seite der Wirtschaft nicht; für sie geht es vorrangig um handfestere Dinge wie Marktanteile und wirtschaftliche Macht.

Wie hoch will man diese soziale Komponente bewerten, die auch noch eine ganz andere Seite hat? Aus gesamtwirtschaftlicher Sicht wird durch den unvermeidbaren Zug zu umsatzstärkeren Betriebsgrößen zugleich die Beschäftigungsmisere verschärft, weil Großbetriebe mit vergleichsweise weniger Mitarbeitern auskommen. Sie können gar nicht anders, als Jahr für Jahr die Arbeitsproduktivität zu steigern, was bei mehr oder weniger stagnierenden Märkten automatisch zu einer Freisetzung von Arbeitskräften führt. Immerhin dürfen sie Genugtuung darüber empfinden, daß sie durch die von ihnen verfolgte Preisdisziplin die Realeinkommen der Verbraucher erhöhen, während den anderen, denen die Personalkosten davonlaufen, wenigstens der Trost bleibt, Arbeitsplätze erhalten zu haben.

(4) Wie steht es schließlich um die oft beschworenen Versorgungsengpässe? Auch wenn sie dickere Knoten aufweisen, bedingen großmaschige Versorgungsnetze zwangsläufig relativ hohe Verteilungskosten auf dem letzten Abschnitt des Absatzweges. Gleichwohl ist dies den Verbrauchern oftmals entweder nicht bewußt oder aber es erscheint ihnen nicht wichtig. Wer, als Landbewohner, ab und zu das Bedürfnis empfindet, Stadtluft zu schnuppern, und dabei in einem Fachgeschäft oder Warenhaus Besorgungen tätigt, wird die entstandenen Fahrtkosten schwerlich auf die Preise der erworbenen Waren aufschlagen. Aus volkswirtschaftlicher Sicht, denken wir etwa an unsere Rohölrechnung oder die Umweltbelastung, sind solche Aufwendungen keineswegs zu vernachlässigen, auch wenn sie von den Betroffenen selbst auf das Konto Lebensqualität verbucht werden.

(5) Wenn man sich allein auf die Preis- bzw. Kostenkomponente konzentriert, ergibt sich für die letzte Zone unseres Blickfeldes zusammenfassend folgender Befund: Im *Fall A* genießen die Verbraucher eine flächendeckende Versorgung zu relativ hohen Preisen. Bei *Szenario B* geht es nicht ohne einen gewissen Beschaffungsaufwand seitens der Konsumenten ab. Gleichwohl werden die Betroffenen dabei durch niedrigere Entgeltforderungen der Verkäufer für ihre Mühen oft mehr, als zum Ausgleich erforderlich wäre, entschädigt.

V. Die Angst vor der Konzentration

Wer dafür eintritt, daß sich die in *Szenario B* skizzierte Lage nicht noch weiter zuspitzt, verweist zunächst mit Recht darauf, daß schon heute bestimmte Gruppen unserer Gesellschaft, vornehmlich Alte, Behinderte und sozial Schwache, denen kein Auto für Einkaufszwecke zur Verfügung steht, Probleme mit der Beschaffung von Gütern des kurz- und mittelfristigen Bedarfs haben. Doch sind die Schwierigkeiten dieser Leute zu komplex, als daß man sie auf die räumliche Entfernung zwischen Wohnung und nächstgelegenem Laden reduzieren könnte.

Wie wir in rund fünfjähriger Arbeit u. a. feststellten, wird die Versorgungsqualität vor allem von günstigen Preisen, einer ansprechenden Auswahl und Qualität der Waren, ferner von einer guten Erreichbarkeit von Einkaufsstätten bestimmt, was auch Verfügbarkeit von genügend Parkplätzen heißt[12].

Wer es etwas weiter zum nächsten Geschäft hat, gerät nicht schon deshalb ins Hintertreffen gegenüber seinen Mitmenschen. Ganz abgesehen davon, zeigt sich bei entsprechenden Erhebungen immer wieder, daß die meisten Verbraucher gerade nicht im nächstgelegenen Laden ihren kurz- und mittelfristigen Bedarf decken. Von daher läßt sich also der vom Mittelstand faktisch beanspruchte Sonderstatus nicht rechtfertigen.

So wenig man auch sonst von den Aussagen weltfremder ökonomischer Theorien hält, erscheinen sie Interessenvertretern gelegentlich doch ganz nützlich, um drohende langfristige Konsequenzen zunehmender Konzentration an die Wand zu malen. Einerseits argwöhnt man, daß dann, wenn der Kreis der Anbieter genügend zusammengeschrumpft sei, die letzten Mohikaner bei der Festsetzung der Preise die bis dahin vorhandenen Hemmungen verlören. Andererseits befürchten viele mit dem eingangs genannten Verbandsvertreter noch ganz andere Abstriche an der Versorgungsqualität: „Ist ... dem Verbraucher ... geholfen, wenn, wie zum Teil heute schon zu beobachten, fünf oder sechs Einkäufer bestimmen, was zwischen Berchtesgaden und Flensburg auf den Tisch kommt?“[13]

Doch daß die Verbraucher einer Ausbeutung anheim- oder einer Verschwörung von Einkäufern zum Opfer fielen, wäre nicht zu befürchten. Zu viele gewichtige Gründe sprechen dagegen.

- Zunächst läßt sich nicht daran rütteln, daß die Käufer von Nahrungs- und Genußmitteln in den letzten Jahren von der gewaltigen Konzentration im Lebensmittelhandel profitierten. Die empirische Evidenz widerlegt also die These, daß Konzentration gleichbedeutend mit Ausbeutung sei. Wird sich der Preistrend nach unten

12 Für wichtige Befunde siehe: *Dichtl, E., Beeskow, W., Finck, G., Müller, S.*, Mängel in der Versorgung mit Waren des täglichen Bedarfs und Ansatzpunkte zu deren Überwindung, in: Marketing und Verbraucherpolitik, hrsg. von *U. Hansen, B. Stauss* und *M. Riemer*, Stuttgart 1982, S. 400–417.

13 *Ratai, O.-M.*, a. a. O.

auch abflachen, so ist doch eine Richtungsänderung noch nicht in Sicht.

- Außerdem abstrahieren die wettbewerbstheoretischen Modelle, die man für seine Argumentation bemüht, von wichtigen Randbedingungen. So wird beispielsweise das Phänomen der Marktsättigung überhaupt nicht in die Überlegungen einbezogen. Wer Verbrauchsmuster analysiert, lernt, daß die Nachfrage in vielen Fällen ab einem bestimmten Punkt völlig unelastisch reagiert, d. h. daß die Menschen ab hier nicht einmal mehr mit drastischen Preissenkungen zum Kaufen zu animieren wären. Wenn aber der Markt nicht mehr wächst, entsteht ein ungeheurer Druck auf die Kosten, der seinerseits auf Grund von Informationsdefiziten der Anbieter den Preiswettbewerb anheizt. Der Preis entgleitet deshalb nicht nach oben, was bei unelastischer Nachfrage an sich zu befürchten wäre.
- Dafür, daß dies nicht geschieht, würden im Ernstfall auch neue Anbieter sowie Importe sorgen. Die Europäische Gemeinschaft ist mittlerweile Realität, Autarkiestreben ein Relikt aus den dreißiger Jahren. Das Modell der geschlossenen Wirtschaft kommt nur noch in weltfremden Lehrbüchern vor.

Dessen wurde man sich auch in den USA bewußt. Eine von Präsident Reagan im Jahre 1983 eingesetzte Expertenkommission, die sich mit der Wettbewerbsfähigkeit der amerikanischen Wirtschaft zu befassen hatte und Anfang 1985 ihren Bericht vorlegte, gelangte u. a. zu der Erkenntnis, daß 70% der in den USA hergestellten und angebotenen Artikel mit ausländischen Erzeugnissen konkurrierten[14]. Bei wie vielen Gebrauchsgütern gibt es in unserem Lande nur noch einen oder zwei Hersteller, ohne daß uns dies überhaupt bewußt geworden wäre, geschweige denn den Inhalt unserer Geldbörsen ungebührlich zu schmälern vermocht hätte?

Derlei Überlegungen lassen sich leicht auf den Handel übertragen, bei dem es zu allen Zeiten wie Phönix aus der Asche auftauchende Preisbrecher gegeben hat. Auch die Monopolkommission und der Wissenschaftliche Beirat sehen hier den Marktzugang nicht beeinträchtigt und das Gründungsfieber ungebrochen[15].

---

14 President's Commission on Industrial Competitiveness, Global Competition – The New Reality, January 1985, Volume I.

15 Wissenschaftlicher Beirat beim Bundesministerium für Wirtschaft, a. a. O.; Monopolkommission, a. a. O.

● Nicht zuletzt hätte selbst ein hochkonzentrierter Handel Mühe, seine Position zu behaupten, denkt man an die möglichen Veränderungen in den Vertriebswegen und an die Senkung der Marktzugangsschranken, zu denen es im Zusammenhang mit dem Vordringen neuer Kommunikationstechniken allenthalben kommt. Vielen Herstellern eröffnen diese die Chance, sich über den Direktvertrieb aus der Umklammerung durch potente Handelspartner zu lösen und überdies mäßigend auf das Preisniveau auf der Verbraucherebene einzuwirken. Die bislang nicht sonderlich erfolgreichen Bemühungen des Bundespostministers um eine rasche Ausbreitung mancher von seinem Haus angebotener Dienste würden so von einer ganz anderen Seite her Auftrieb erhalten, wenn den Handel jemals das Fell juckte und dieser glaubte, seine Macht auf breiter Front sowohl gegenüber Lieferanten als auch Abnehmern mißbrauchen zu können.

Bleibt abschließend noch auf eine historische Parallele hinzuweisen, die zu denken geben sollte: Wenn man bei der Entwicklung unserer Industrie im 19. und 20. Jahrhundert dieselben Ängste und Vorbehalte gehabt hätte wie beim Handel heute, wären wir inzwischen nicht eine der führenden Industrienationen und der größte Exporteur der Welt, sondern bestenfalls ein Land im unteren Drittel der EG-Wohlstandsliga.

VI. Der Strukturwandel zum Vorteil der Verbraucher

Es wäre müßig zu beschönigen, daß der Mittelstand im Handel in Bedrängnis geraten ist, aber wenn nach allen statistischen Konventionen hierzulande fast alle (!) Betriebe zu diesem Kreis zählen[16], gehört der Existenzkampf offenbar zum Wesen unseres ökonomischen Systems. Es wäre jedenfalls unverantwortlich, den Mittelstand in den Mittelpunkt aller binnenhandelspolitischen Erwägungen zu stellen und die Verbraucher an den Rand abzudrängen.

Gefordert ist eine Erweiterung des Gesichtsfeldes, die die Belange der Konsumenten mindestens gleichrangig neben die Sorgen vieler

16 Vgl. *Dichtl, E.*, Auf Konzentrationskurs – Argumente gegen eine konservierende Strukturpolitik, a. a. O.

Handels- und Industriebetriebe treten läßt. Weder für die einen noch gegen die anderen, sondern allein für eine erweiterte Sichtweise der Probleme wird hier plädiert. Wer sich dem nicht verschließt, wird es nicht nur nicht schlecht, sondern sogar ausgesprochen gut finden, daß „man zu den neuen Märkten auf breiten Straßen ohne Einschränkung heranbrausen und dazu kostenlos auf spottbillig erstelltem Parkgrund das Fahrzeug abstellen kann“. Auch Tante Emma ist sich unserer Sympathie sicher, dies aber wegen der spezifischen Versorgungsfunktion, die sie erbringt, nicht etwa weil sie unter Denkmalschutz gestellt wird.

Anhang

[Bundesgesetzblatt, Jahrgang 1986, Teil I]

1. Baugesetzbuch (BauGB)

Erstes Kapitel. Allgemeines Städtebaurecht

Erster Teil. Bauleitplanung

Erster Abschnitt. Allgemeine Vorschriften

§ 1 Aufgabe, Begriff und Grundsätze der Bauleitplanung

(1) Aufgabe der Bauleitplanung ist es, die bauliche und sonstige Nutzung der Grundstücke in der Gemeinde nach Maßgabe dieses Gesetzbuchs vorzubereiten und zu leiten.

(2) Bauleitpläne sind der Flächennutzungsplan (vorbereitender Bauleitplan) und der Bebauungsplan (verbindlicher Bauleitplan).

(3) Die Gemeinden haben die Bauleitpläne aufzustellen, sobald und soweit es für die städtebauliche Entwicklung und Ordnung erforderlich ist.

(4) Die Bauleitpläne sind den Zielen der Raumordnung und Landesplanung anzupassen.

(5) Die Bauleitpläne sollen eine geordnete städtebauliche Entwicklung und eine dem Wohl der Allgemeinheit entsprechende sozialgerechte Bodennutzung gewährleisten und dazu beitragen, eine menschenwürdige Umwelt zu sichern und die natürlichen Lebensgrundlagen zu schützen und zu entwickeln. Bei der Aufstellung der Bauleitpläne sind insbesondere zu berücksichtigen

1. die allgemeinen Anforderungen an gesunde Wohn- und Arbeitsverhältnisse und die Sicherheit der Wohn- und Arbeitsbevölkerung,
2. die Wohnbedürfnisse der Bevölkerung bei Vermeidung einseitiger Bevölkerungsstrukturen, die Eigentumsbildung weiter Kreise der Bevölkerung und die Bevölkerungsentwicklung,

3. die sozialen und kulturellen Bedürfnisse der Bevölkerung, insbesondere die Bedürfnisse der Familien, der jungen und alten Menschen und der Behinderten, die Belange des Bildungswesens und von Sport, Freizeit und Erholung,
4. die Erhaltung, Erneuerung und Fortentwicklung vorhandener Ortsteile sowie die Gestaltung des Orts- und Landschaftsbilds,
5. die Belange des Denkmalschutzes und der Denkmalpflege sowie die erhaltenswerten Ortsteile, Straßen und Plätze von geschichtlicher, künstlerischer oder städtebaulicher Bedeutung,
6. die von den Kirchen und Religionsgesellschaften des öffentlichen Rechts festgestellten Erfordernisse für Gottesdienst und Seelsorge,
7. die Belange des Umweltschutzes, des Naturschutzes und der Landschaftspflege, insbesondere des Naturhaushalts, des Wassers, der Luft und des Bodens einschließlich seiner Rohstoffvorkommen, sowie das Klima,
8. die Belange der Wirtschaft, auch ihrer mittelständischen Struktur im Interesse einer verbrauchernahen Versorgung der Bevölkerung, der Land- und Forstwirtschaft, des Verkehrs einschließlich des öffentlichen Personennahverkehrs, des Post- und Fernmeldewesens, der Versorgung, insbesondere mit Energie und Wasser, der Abfallentsorgung und der Abwasserbeseitigung sowie die Sicherung von Rohstoffvorkommen und die Erhaltung, Sicherung und Schaffung von Arbeitsplätzen,
9. die Belange der Verteidigung und des Zivilschutzes.

Mit Grund und Boden soll sparsam und schonend umgegangen werden. Landwirtschaftlich, als Wald oder für Wohnzwecke genutzte Flächen sollen nur im notwendigen Umfang für andere Nutzungsarten vorgesehen und in Anspruch genommen werden.

(6) Bei der Aufstellung der Bauleitpläne sind die öffentlichen und privaten Belange gegeneinander und untereinander gerecht abzuwägen.

§ 2 Aufstellung der Bauleitpläne, Verordnungsermächtigung

(1) Die Bauleitpläne sind von der Gemeinde in eigener Verantwortung aufzustellen. Der Beschluß, einen Bauleitplan aufzustellen, ist ortsüblich bekanntzumachen.

(2) Die Bauleitpläne benachbarter Gemeinden sind aufeinander abzustimmen.

(3) Auf die Aufstellung von Bauleitplänen besteht kein Anspruch.

(4) Die Vorschriften dieses Gesetzbuchs über die Aufstellung von Bauleitplänen gelten auch für ihre Änderung, Ergänzung und Aufhebung.

(5) Der Bundesminister für Raumordnung, Bauwesen und Städtebau wird ermächtigt, mit Zustimmung des Bundesrates durch Rechtsverordnung Vorschriften zu erlassen über

1. Darstellungen und Festsetzungen in den Bauleitplänen über
   a) die Art der baulichen Nutzung,
   b) das Maß der baulichen Nutzung und seine Berechnung,
   c) die Bauweise sowie die überbaubaren und die nicht überbaubaren Grundstücksflächen;
2. die in den Baugebieten zulässigen baulichen und sonstigen Anlagen;
3. die Zulässigkeit der Festsetzung nach Maßgabe des § 9 Abs. 3 über verschiedenartige Baugebiete oder verschiedenartige in den Baugebieten zulässige bauliche und sonstige Anlagen;
4. die Ausarbeitung der Bauleitpläne einschließlich der dazugehörigen Unterlagen sowie über die Darstellung des Planinhalts, insbesondere über die dabei zu verwendenden Planzeichen und ihre Bedeutung.

§ 3 Beteiligung der Bürger

(1) Die Bürger sind möglichst frühzeitig über die allgemeinen Ziele und Zwecke der Planung, sich wesentlich unterscheidende Lösungen, die für die Neugestaltung oder Entwicklung eines Gebiets in Betracht kommen, und die voraussichtlichen Auswirkungen der Planung öffentlich zu unterrichten; ihnen ist Gelegenheit zur Äußerung und Erörterung zu geben. Von der Unterrichtung und Erörterung kann abgesehen werden, wenn

1. der Flächennutzungsplan geändert oder ergänzt wird und dadurch die Grundzüge nicht berührt werden,
2. ein Bebauungsplan aufgestellt, geändert, ergänzt oder aufgehoben wird und sich dies auf das Plangebiet und die Nachbargebiete nur unwesentlich auswirkt oder
3. die Unterrichtung und Erörterung bereits zuvor auf anderer planerischer Grundlage erfolgt sind.

An die Unterrichtung und Erörterung schließt sich das Verfahren nach Absatz 2 auch an, wenn die Erörterung zu einer Änderung der Planung führt.

(2) Die Entwürfe der Bauleitpläne sind mit dem Erläuterungsbericht oder der Begründung auf die Dauer eines Monats öffentlich auszulegen. Ort und Dauer der Auslegung sind mindestens eine Woche vorher ortsüblich bekanntzumachen mit dem Hinweis darauf, daß Bedenken und Anregungen während der Auslegungsfrist vorgebracht werden können. Die nach § 4 Abs. 1 Beteiligten sollen von der Auslegung benachrichtigt werden. Die fristgemäß vorge-

brachten Bedenken und Anregungen sind zu prüfen; das Ergebnis ist mitzuteilen. Haben mehr als hundert Personen Bedenken und Anregungen mit im wesentlichen gleichem Inhalt vorgebracht, kann die Mitteilung des Ergebnisses der Prüfung dadurch ersetzt werden, daß diesen Personen die Einsicht in das Ergebnis ermöglicht wird; die Stelle, bei der das Ergebnis der Prüfung während der Dienststunden eingesehen werden kann, ist ortsüblich bekanntzumachen. Bei der Vorlage der Bauleitpläne nach § 6 oder § 11 sind die nicht berücksichtigten Bedenken und Anregungen mit einer Stellungnahme der Gemeinde beizufügen.

(3) Wird der Entwurf des Bauleitplans nach der Auslegung geändert oder ergänzt, ist er erneut nach Absatz 2 auszulegen; bei der erneuten Auslegung kann bestimmt werden, daß Bedenken und Anregungen nur zu den geänderten oder ergänzten Teilen vorgebracht werden können. Werden durch die Änderung oder Ergänzung des Entwurfs eines Bebauungsplans die Grundzüge der Planung nicht berührt oder sind Änderungen oder Ergänzungen von Flächen oder sonstigen Darstellungen im Entwurf des Flächennutzungsplans im Umfang geringfügig oder von geringer Bedeutung, kann von einer erneuten öffentlichen Auslegung abgesehen werden; § 13 Abs. 1 Satz 2 ist entsprechend anzuwenden.

§ 4 Beteiligung der Träger öffentlicher Belange

(1) Bei der Aufstellung von Bauleitplänen sollen die Behörden und Stellen, die Träger öffentlicher Belange sind und von der Planung berührt werden können, möglichst frühzeitig beteiligt werden. In ihrer Stellungnahme haben sie der Gemeinde auch Aufschluß über von ihnen beabsichtigte oder bereits eingeleitete Planungen und sonstige Maßnahmen sowie deren zeitliche Abwicklung zu geben, die für die städtebauliche Entwicklung und Ordnung des Gebiets bedeutsam sein können. Diesen Beteiligten soll für die Abgabe ihrer Stellungnahmen eine angemessene Frist gesetzt werden; äußern sie sich nicht fristgemäß, kann die Gemeinde davon ausgehen, daß die von diesen Beteiligten wahrzunehmenden öffentlichen Belange durch den Bauleitplan nicht berührt werden.

(2) Die Beteiligung nach Absatz 1 kann gleichzeitig mit dem Verfahren nach § 3 Abs. 2 durchgeführt werden.

§ 5–7 nicht abgedruckt.

Dritter Abschnitt. Verbindlicher Bauleitplan (Bebauungsplan)

§ 8 Zweck des Bebauungsplans

(1) Der Bebauungsplan enthält die rechtsverbindlichen Festsetzungen für die städtebauliche Ordnung. Er bildet die Grundlage für weitere zum Vollzug dieses Gesetzbuchs erforderliche Maßnahmen.

(2) Bebauungspläne sind aus dem Flächennutzungsplan zu entwickeln. Ein Flächennutzungsplan ist nicht erforderlich, wenn der Bebauungsplan ausreicht, um die städtebauliche Entwicklung zu ordnen.

(3) Mit der Aufstellung, Änderung, Ergänzung oder Aufhebung eines Bebauungsplans kann gleichzeitig auch der Flächennutzungsplan aufgestellt, geändert oder ergänzt werden (Parallelverfahren). Der Bebauungsplan kann vor dem Flächennutzungsplan angezeigt und bekanntgemacht werden, wenn nach dem Stand der Planungsarbeiten anzunehmen ist, daß der Bebauungsplan aus den künftigen Darstellungen des Flächennutzungsplans entwickelt sein wird.

(4) Ein Bebauungsplan kann aufgestellt, geändert, ergänzt und aufgehoben werden, bevor der Flächennutzungsplan aufgestellt ist, wenn dringende Gründe es erfordern und wenn der Bebauungsplan der beabsichtigten städtebaulichen Entwicklung des Gemeindegebiets nicht entgegenstehen wird (vorzeitiger Bebauungsplan). Gilt bei Gebiets- und Bestandsänderungen von Gemeinden oder anderen Veränderungen der Zuständigkeit für die Aufstellung von Flächennutzungsplänen ein Flächennutzungsplan fort, kann ein vorzeitiger Bebauungsplan auch aufgestellt werden, bevor der Flächennutzungsplan ergänzt oder geändert ist.

§ 9 Inhalt des Bebauungsplans

(1) Im Bebauungsplan können festgesetzt werden:

1. die Art und das Maß der baulichen Nutzung;
2. die Bauweise, die überbaubaren und die nicht überbaubaren Grundstücksflächen sowie die Stellung der baulichen Anlagen;
3. für die Größe, Breite und Tiefe der Baugrundstücke Mindestmaße und aus Gründen des sparsamen und schonenden Umgangs mit Grund und Boden für Wohnbaugrundstücke auch Höchstmaße;
4. die Fläche für Nebenanlagen, die aufgrund anderer Vorschriften für die Nutzung von Grundstücken erforderlich sind, wie Spiel-, Freizeit- und Erholungsflächen sowie die Flächen für Stellplätze und Garagen mit ihren Einfahrten;
5. die Flächen für den Gemeinbedarf sowie für Sport- und Spielanlagen;

6. aus besonderen städtebaulichen Gründen die höchstzulässige Zahl der Wohnungen in Wohngebäuden;
7. die Flächen, auf denen ganz oder teilweise nur Wohngebäude, die mit Mitteln des sozialen Wohnungsbaus gefördert werden könnten, errichtet werden dürfen;
8. einzelne Flächen, auf denen ganz oder teilweise nur Wohngebäude errichtet werden dürfen, die für Personengruppen mit besonderem Wohnbedarf bestimmt sind;
9. der besondere Nutzungszweck von Flächen, der durch besondere städtebauliche Gründe erfordert wird;
10. die Flächen, die von der Bebauung freizuhalten sind, und ihre Nutzung;
11. die Verkehrsflächen sowie Verkehrsflächen besonderer Zweckbestimmung, wie Fußgängerbereiche, Flächen für das Parken von Fahrzeugen sowie den Anschluß anderer Flächen an die Verkehrsflächen;
12. die Versorgungsflächen;
13. die Führung von Versorgungsanlagen und -leitungen;
14. die Flächen für die Abfallentsorgung und Abwasserbeseitigung sowie für Ablagerungen;
15. die öffentlichen und privaten Grünflächen, wie Parkanlagen, Dauerkleingärten, Sport-, Spiel-, Zelt- und Badeplätze, Friedhöfe;
16. die Wasserflächen sowie die Flächen für die Wasserwirtschaft, für Hochwasserschutzanlagen und für die Regelung des Wasserabflusses, soweit diese Festsetzungen nicht nach anderen Vorschriften getroffen werden können;
17. die Flächen für Aufschüttungen, Abgrabungen oder für die Gewinnung von Steinen, Erden und anderen Bodenschätzen;
18. a) die Flächen für die Landwirtschaft und
    b) Wald;
19. die Flächen für die Errichtung von Anlagen für die Kleintierhaltung wie Ausstellungs- und Zuchtanlagen, Zwinger, Koppeln und dergleichen;
20. Maßnahmen zum Schutz, zur Pflege und zur Entwicklung von Natur und Landschaft, soweit solche Festsetzungen nicht nach anderen Vorschriften getroffen werden können, sowie die Flächen für Maßnahmen zum Schutz, zur Pflege und zur Entwicklung von Natur und Landschaft;
21. die mit Geh-, Fahr- und Leitungsrechten zugunsten der Allgemeinheit, eines Erschließungsträgers oder eines beschränkten Personenkreises zu belastenden Flächen;

22. die Flächen für Gemeinschaftsanlagen für bestimmte räumliche Bereiche wie Kinderspielplätze, Freizeiteinrichtungen, Stellplätze und Garagen;
23. Gebiete, in denen aus besonderen städtebaulichen Gründen oder zum Schutz vor schädlichen Umwelteinwirkungen im Sinne des Bundes-Immissionsschutzgesetzes bestimmte luftverunreinigende Stoffe nicht oder nur beschränkt verwendet werden dürfen;
24. die von der Bebauung freizuhaltenden Schutzflächen und ihre Nutzung, die Flächen für besondere Anlagen und Vorkehrungen zum Schutz vor schädlichen Umwelteinwirkungen im Sinne des Bundes-Immissionsschutzgesetzes sowie die zum Schutz vor solchen Einwirkungen oder zur Vermeidung oder Minderung solcher Einwirkungen zu treffenden baulichen und sonstigen technischen Vorkehrungen;
25. für einzelne Flächen oder für ein Bebauungsplangebiet oder Teile davon sowie für Teile baulicher Anlagen mit Ausnahme der für landwirtschaftliche Nutzungen oder Wald festgesetzten Flächen
    a) das Anpflanzen von Bäumen, Sträuchern und sonstigen Bepflanzungen,
    b) Bindungen für Bepflanzungen und für die Erhaltung von Bäumen, Sträuchern und sonstigen Bepflanzungen sowie von Gewässern;
26. die Flächen für Aufschüttungen, Abgrabungen und Stützmauern, soweit sie zur Herstellung des Straßenkörpers erforderlich sind.

(2) Bei Festsetzungen nach Absatz 1 kann auch die Höhenlage festgesetzt werden.

(3) Wenn besondere städtebauliche Gründe dies rechtfertigen, können Festsetzungen nach Absatz 1 für übereinanderliegende Geschosse und Ebenen und sonstige Teile baulicher Anlagen gesondert getroffen werden; dies gilt auch, soweit Geschosse, Ebenen und sonstige Teile baulicher Anlagen unterhalb der Geländeoberfläche vorgesehen sind.

(4) Die Länder können durch Rechtsvorschriften bestimmen, daß auf Landesrecht beruhende Regelungen in den Bebauungslan als Festsetzungen aufgenommen werden können und inwieweit auf diese Festsetzungen die Vorschriften dieses Gesetzbuchs Anwendung finden.

(5) Im Bebauungsplan sollen gekennzeichnet werden:

1. Flächen, bei deren Bebauung besondere bauliche Vorkehrungen gegen äußere Einwirkungen oder bei denen besondere bauliche Sicherungsmaßnahmen gegen Naturgewalten erforderlich sind;
2. Flächen, unter denen der Bergbau umgeht oder die für den Abbau von Mineralien bestimmt sind;

3. Flächen, deren Böden erheblich mit umweltgefährdenden Stoffen belastet sind.

(6) Nach anderen gesetzlichen Vorschriften getroffene Festsetzungen sowie Denkmäler nach Landesrecht sollen in den Bebauungsplan nachrichtlich übernommen werden, soweit sie zu seinem Verständnis oder für die städtebauliche Beurteilung von Baugesuchen notwendig oder zweckmäßig sind.

(7) Der Bebauungsplan setzt die Grenzen seines räumlichen Geltungsbereichs fest.

(8) Dem Bebauungsplan ist eine Begründung beizufügen. In ihr sind die Ziele, Zwecke und wesentlichen Auswirkungen des Bebauungsplans darzulegen.

§ 10 Beschluß über den Bebauungsplan

Die Gemeinde beschließt den Bebauungsplan als Satzung.

§ 11 Genehmigung und Anzeige des Bebauungsplans

(1) Bebauungspläne nach § 8 Abs. 2 Satz 2 und Abs. 4 bedürfen der Genehmigung der höheren Verwaltungsbehörde; andere Bebauungspläne sind der höheren Verwaltungsbehörde anzuzeigen.

(2) Für die Genehmigung von Bebauungsplänen ist § 6 Abs. 2 und 4 entsprechend anzuwenden.

(3) Ist ein Bebauungsplan anzuzeigen, hat die höhere Verwaltungsbehörde die Verletzung von Rechtsvorschriften, die eine Versagung der Genehmigung nach § 6 Abs. 2 rechtfertigen würde, innerhalb von drei Monaten nach Eingang der Anzeige geltend zu machen. Der Bebauungsplan darf nur in Kraft gesetzt werden, wenn die höhere Verwaltungsbehörde die Verletzung von Rechtsvorschriften nicht innerhalb der in Satz 1 bezeichneten Frist geltend gemacht oder wenn sie vor Ablauf der Frist erklärt hat, daß sie keine Verletzung von Rechtsvorschriften geltend macht.

§ 12 Inkrafttreten des Bebauungsplans

Die Erteilung der Genehmigung (§ 11 Abs. 2) oder die Durchführung des Anzeigeverfahrens (§ 11 Abs. 3) ist ortsüblich bekanntzumachen. Der Bebauungsplan ist mit der Begründung zu jedermanns Einsicht bereitzuhalten; über den Inhalt ist auf Verlangen Auskunft zu geben. In der Bekanntmachung ist darauf hinzuweisen, wo der Bebauungsplan eingesehen werden kann. Mit der Bekanntmachung tritt der Bebauungsplan in Kraft. Die Bekanntmachung tritt an die Stelle der sonst für Satzungen vorgeschriebenen Veröffentlichung.

§ 13 Vereinfachte Änderung oder Ergänzung des Bauleitplans

(1) Werden durch Änderungen oder Ergänzungen eines Bebauungsplans die Grundzüge der Planung nicht berührt, bedarf es des Verfahrens nach den §§ 3 und 4 sowie der Genehmigung oder der Anzeige nach § 11 nicht; § 2 Abs. 1 Satz 2 findet keine Anwendung. Den Eigentümern der von den Änderungen oder Ergänzungen betroffenen Grundstücke und den von den Änderungen oder Ergänzungen berührten Trägern öffentlicher Belange ist Gelegenheit zur Stellungnahme innerhalb angemessener Frist zu geben. Widersprechen die Beteiligten innerhalb der Frist den Änderungen oder Ergänzungen, bedarf der Bebauungsplan der Genehmigung oder der Anzeige nach § 11. Die Stellungnahmen der Beteiligten sind als Bedenken und Anregungen nach § 3 Abs. 2 Satz 4 und 6 zu behandeln.

(2) Bei Änderungen oder Ergänzungen von Flächen oder sonstigen Darstellungen des Flächennutzungsplans, die im Umfang geringfügig oder von geringer Bedeutung sind, bedarf es des Verfahrens nach den §§ 3 und 4 nicht; § 2 Abs. 1 Satz 2 findet keine Anwendung. Auf die Beteiligung der Eigentümer und Träger öffentlicher Belange und auf die Behandlung ihrer Stellungnahmen ist Absatz 1 Satz 2 und 4 entsprechend anzuwenden.

Zweiter Teil. Sicherung der Bauleitplanung

Erster Abschnitt. Veränderungssperre und Zurückstellung von Baugesuchen

§ 14 Veränderungssperre

(1) Ist ein Beschluß über die Aufstellung eines Bebauungsplans gefaßt, kann die Gemeinde zur Sicherung der Planung für den künftigen Planbereich eine Veränderungssperre mit dem Inhalt beschließen, daß

1. Vorhaben im Sinne des § 29 nicht durchgeführt oder bauliche Anlagen nicht beseitigt werden dürfen;
2. erhebliche oder wesentlich wertsteigernde Veränderungen von Grundstücken und baulichen Anlagen, deren Veränderungen nicht genehmigungs-, zustimmungs- oder anzeigepflichtig sind, nicht vorgenommen werden dürfen.

(2) Wenn überwiegende öffentliche Belange nicht entgegenstehen, kann von der Veränderungssperre eine Ausnahme zugelassen werden. Die Entscheidung über Ausnahmen trifft die Baugenehmigungsbehörde im Einvernehmen mit der Gemeinde.

(3) Vorhaben, die vor dem Inkrafttreten der Veränderungssperre baurechtlich genehmigt worden sind, Unterhaltungsarbeiten und die Fortführung einer bisher ausgeübten Nutzung werden von der Veränderungssperre nicht berührt.

(4) Soweit für Vorhaben im förmlich festgelegten Sanierungsgebiet eine Genehmigungspflicht nach § 144 Abs. 1 besteht, sind die Vorschriften über die Veränderungssperre nicht anzuwenden.

§ 15 Zurückstellung von Baugesuchen

(1) Wird eine Veränderungssperre nach § 14 nicht beschlossen, obwohl die Voraussetzungen gegeben sind, oder ist eine beschlossene Veränderungssperre noch nicht in Kraft getreten, hat die Baugenehmigungsbehörde auf Antrag der Gemeinde die Entscheidung über die Zulässigkeit von Vorhaben im Einzelfall für einen Zeitraum bis zu zwölf Monaten auszusetzen, wenn zu befürchten ist, daß die Durchführung der Planung durch das Vorhaben unmöglich gemacht oder wesentlich erschwert werden würde.

(2) Bei Anträgen auf Erteilung einer Teilungsgenehmigung nach § 19 gilt Absatz 1 entsprechend.

(3) Soweit für Vorhaben im förmlich festgelegten Sanierungsgebiet eine Genehmigungspflicht nach § 144 Abs. 1 besteht, sind die Vorschriften über die Zurückstellung von Baugesuchen nicht anzuwenden; mit der förmlichen Festlegung des Sanierungsgebietes wird ein Bescheid über die Zurückstellung des Baugesuchs nach Absatz 1 unwirksam.

§ 16 Beschluß über die Veränderungssperre

(1) Die Veränderungssperre wird von der Gemeinde als Satzung beschlossen.

(2) Die Gemeinde hat die Veränderungssperre ortsüblich bekanntzumachen. Sie kann auch ortsüblich bekanntmachen, daß eine Veränderungssperre beschlossen worden ist; § 12 Satz 2 bis 5 ist entsprechend anzuwenden.

§ 17 Geltungsdauer der Veränderungssperre

(1) Die Veränderungssperre tritt nach Ablauf von zwei Jahren außer Kraft. Auf die Zweijahresfrist ist der seit der Zustellung der ersten Zurückstellung eines Baugesuchs nach § 15 Abs. 1 abgelaufene Zeitraum anzurechnen. Die Gemeinde kann die Frist um ein Jahr verlängern.

(2) Wenn besondere Umstände es erfordern, kann die Gemeinde mit Zustimmung der nach Landesrecht zuständigen Behörde die Frist bis zu einem weiteren Jahr nochmals verlängern.

(3) Die Gemeinde kann mit Zustimmung der höheren Verwaltungsbehörde eine außer Kraft getretene Veränderungssperre ganz oder teilweise erneut beschließen, wenn die Voraussetzungen für ihren Erlaß fortbestehen.

(4) Die Veränderungssperre ist vor Fristablauf ganz oder teilweise außer Kraft zu setzen, sobald die Voraussetzungen für ihren Erlaß weggefallen sind.

(5) Die Veränderungssperre tritt in jedem Fall außer Kraft, sobald und soweit die Bauleitplanung rechtsverbindlich abgeschlossen ist.

(6) Mit der förmlichen Festlegung des Sanierungsgebiets tritt eine bestehende Veränderungssperre nach § 14 außer Kraft. Dies gilt nicht, wenn in der Sanierungssatzung die Genehmigungspflicht nach § 144 Abs. 1 ausgeschlossen ist.

§ 18 Entschädigung bei Veränderungssperre

(1) Dauert die Veränderungssperre länger als vier Jahre über den Zeitpunkt ihres Beginns oder der ersten Zurückstellung eines Baugesuchs nach § 15 Abs. 1 hinaus, ist den Betroffenen für dadurch entstandene Vermögensnachteile eine angemessene Entschädigung in Geld zu leisten. Die Vorschriften über die Entschädigung im Zweiten Abschnitt des Fünften Teils sowie § 121 gelten entsprechend; dabei ist der Grundstückswert zugrunde zu legen, der nach den Vorschriften des Zweiten Abschnitts des Dritten Teils zu entschädigen wäre.

(2) Zur Entschädigung ist die Gemeinde verpflichtet. Der Entschädigungsberechtigte kann Entschädigung verlangen, wenn die in Absatz 1 Satz 1 bezeichneten Vermögensnachteile eingetreten sind. Er kann die Fälligkeit des Anspruchs dadurch herbeiführen, daß er die Leistung der Entschädigung schriftlich bei dem Entschädigungspflichtigen beantragt. Kommt eine Einigung über die Entschädigung nicht zustande, entscheidet die höhere Verwaltungsbehörde. Für den Bescheid über die Festsetzung der Entschädigung gilt § 122 entsprechend.

(3) Auf das Erlöschen des Entschädigungsanspruchs findet § 44 Abs. 4 mit der Maßgabe Anwendung, daß bei einer Veränderungssperre, die die Sicherung einer Festsetzung nach § 40 Abs. 1 oder § 41 Abs. 1 zum Gegenstand hat, die Erlöschensfrist frühestens ab Rechtsverbindlichkeit des Bebauungsplans beginnt. In der Bekanntmachung nach § 16 Abs. 2 ist auf die Vorschriften des Absatzes 2 Satz 2 und 3 hinzuweisen.

§§ 19–28 nicht abgedruckt.

Dritter Teil. Regelung der baulichen und sonstigen Nutzung; Entschädigung

Erster Abschnitt. Zulässigkeit von Vorhaben

§ 29 Begriff des Vorhabens

Für Vorhaben, die die Errichtung, Änderung oder Nutzungsänderung von baulichen Anlagen zum Inhalt haben und die einer bauaufsichtlichen Genehmigung oder Zustimmung bedürfen oder die der Bauaufsichtsbehörde angezeigt werden müssen, gelten die §§ 30 bis 37; die §§ 30 bis 37 gelten auch, wenn in einem anderen Verfahren über die Zulässigkeit entschieden wird. Dies gilt auch für Vorhaben, die der Landesverteidigung dienen. Für Aufschüttungen und Abgrabungen größeren Umfangs sowie für Ausschachtungen, Ablagerungen einschließlich Lagerstätten, auf die Satz 1 keine Anwendung findet, gelten die §§ 30 bis 37 entsprechend. Die Vorschriften des Bauordnungsrechts und andere öffentlich-rechtliche Vorschriften bleiben unberührt.

§ 30 Zulässigkeit von Vorhaben im Geltungsbereich eines Bebauungsplans

(1) Im Geltungsbereich eines Bebauungsplans, der allein oder gemeinsam mit sonstigen baurechtlichen Vorschriften mindestens Festsetzungen über die Art und das Maß der baulichen Nutzung, die überbaubaren Grundstücksflächen und die örtlichen Verkehrsflächen enthält, ist ein Vorhaben zulässig, wenn es diesen Festsetzungen nicht widerspricht und die Erschließung gesichert ist.

(2) Im Geltungsbereich eines Bebauungsplans, der die Voraussetzungen des Absatzes 1 nicht erfüllt (einfacher Bebauungsplan), richtet sich die Zulässigkeit von Vorhaben im übrigen nach § 34 oder § 35.

§ 31 Ausnahmen und Befreiungen

(1) Von den Festsetzungen des Bebauungsplans können solche Ausnahmen zugelassen werden, die in dem Bebauungsplan nach Art und Umfang ausdrücklich vorgesehen sind.

(2) Von den Festsetzungen des Bebauungsplans kann im Einzelfall befreit werden, wenn

1. Gründe des Wohls der Allgemeinheit die Befreiung erfordern oder
2. die Abweichung städtebaulich vertretbar ist und die Grundzüge der Planung nicht berührt werden oder

3. die Durchführung des Bebauungsplans zu einer offenbar nicht beabsichtigten Härte führen würde

und wenn die Abweichung auch unter Würdigung nachbarlicher Interessen mit den öffentlichen Belangen vereinbar ist.

§ 32 Nutzungsbeschränkungen auf künftigen Gemeinbedarfs-, Verkehrs-, Versorgungs- und Grünflächen

Sind überbaute Flächen in dem Bebauungsplan als Baugrundstücke für den Gemeinbedarf oder als Verkehrs-, Versorgungs- oder Grünflächen festgesetzt, dürfen auf ihnen Vorhaben, die eine wertsteigernde Änderung baulicher Anlagen zur Folge haben, nur zugelassen und für sie Befreiungen von den Festsetzungen des Bebauungsplans nur erteilt werden, wenn der Bedarfs- oder Erschließungsträger zustimmt oder der Eigentümer für sich und seine Rechtsnachfolger auf Ersatz der Werterhöhung für den Fall schriftlich verzichtet, daß der Bebauungsplan durchgeführt wird. Dies gilt auch für die dem Bebauungsplan nicht widersprechenden Teile einer baulichen Anlage, wenn sie für sich allein nicht wirtschaftlich verwertbar sind oder wenn bei der Enteignung die Übernahme der restlichen überbauten Flächen verlangt werden kann.

§ 33 Zulässigkeit von Vorhaben während der Planaufstellung

(1) In Gebieten, für die ein Beschluß über die Aufstellung eines Bebauungsplans gefaßt ist, ist ein Vorhaben zulässig, wenn

1. die öffentliche Auslegung (§ 3 Abs. 2 und 3) durchgeführt und die Träger öffentlicher Belange (§ 4 Abs. 1) beteiligt worden sind,
2. anzunehmen ist, daß das Vorhaben den künftigen Festsetzungen des Bebauungsplans nicht entgegensteht,
3. der Antragsteller diese Festsetzungen für sich und seine Rechtsnachfolger schriftlich anerkennt und
4. die Erschließung gesichert ist.

(2) Vor Durchführung der öffentlichen Auslegung und Beteiligung der Träger öffentlicher Belange kann ein Vorhaben zugelassen werden, wenn die in Absatz 1 Nr. 2 bis 4 bezeichneten Voraussetzungen erfüllt sind. Den betroffenen Bürgern und berührten Trägern öffentlicher Belange ist vor Erteilung der Genehmigung Gelegenheit zur Stellungnahme innerhalb angemessener Frist zu geben, soweit sie dazu nicht bereits zuvor Gelegenheit hatten.

§ 34 Zulässigkeit von Vorhaben innerhalb der im Zusammenhang bebauten Ortsteile

(1) Innerhalb der im Zusammenhang bebauten Ortsteile ist ein Vorhaben zulässig, wenn es sich nach Art und Maß der baulichen Nutzung, der Bauweise und der Grundstücksfläche, die überbaut werden soll, in die Eigenart der näheren Umgebung einfügt und die Erschließung gesichert ist. Die Anforderungen an gesunde Wohn- und Arbeitsverhältnisse müssen gewahrt bleiben; das Ortsbild darf nicht beeinträchtigt werden.

(2) Entspricht die Eigenart der näheren Umgebung einem der Baugebiete, die in der aufgrund des § 2 Abs. 5 erlassenen Verordnung bezeichnet sind, beurteilt sich die Zulässigkeit des Vorhabens nach seiner Art allein danach, ob es nach der Verordnung in dem Baugebiet allgemein zulässig wäre; auf die nach der Verordnung ausnahmsweise zulässigen Vorhaben ist § 31 Abs. 1, im übrigen ist § 31 Abs. 2 entsprechend anzuwenden.

(3) Nach den Absätzen 1 und 2 unzulässige Erweiterungen, Änderungen, Nutzungsänderungen und Erneuerungen von zulässigerweise errichteten baulichen und sonstigen Anlagen können im Einzelfall zugelassen werden, wenn

1. die Zulassung aus Gründen des Wohls der Allgemeinheit erforderlich ist oder
2. das Vorhaben einem Betrieb dient und städtebaulich vertretbar ist

und wenn die Abweichung auch unter Würdigung nachbarlicher Interessen mit den öffentlichen Belangen vereinbar und die Erschließung gesichert ist. Satz 1 findet keine Anwendung auf Einzelhandelsbetriebe, die die verbrauchernahe Versorgung der Bevölkerung beeinträchtigen können.

(4) Die Gemeinde kann durch Satzung

1. die Grenzen für im Zusammenhang bebaute Ortsteile festlegen,
2. bebaute Bereiche im Außenbereich als im Zusammenhang bebaute Ortsteile festlegen, wenn die Flächen im Flächennutzungsplan als Baufläche dargestellt sind,
3. einzelne Außenbereichsgrundstücke zur Abrundung der Gebiete nach den Nummern 1 und 2 einbeziehen.

Die Satzung nach Satz 1 Nr. 2 und 3 muß mit einer geordneten städtebaulichen Entwicklung vereinbar sein. In ihr können einzelne Festsetzungen nach § 9 Abs. 1, 2 und 4 getroffen werden. § 9 Abs. 6 ist entsprechend anzuwenden.

(5) Vor dem Erlaß der Satzung nach Absatz 4 Satz 1 Nr. 2 und 3 ist den betroffenen Bürgern und berührten Trägern öffentlicher Belange Gelegen-

heit zur Stellungnahme innerhalb angemessener Frist zu geben. Auf die Satzung ist § 22 Abs. 3 entsprechend anzuwenden.

§ 35 Bauen im Außenbereich

(1) Im Außenbereich ist ein Vorhaben nur zulässig, wenn öffentliche Belange nicht entgegenstehen, die ausreichende Erschließung gesichert ist und wenn es

1. einem land- oder forstwirtschaftlichen Betrieb dient und nur einen untergeordneten Teil der Betriebsfläche einnimmt,
2. einem Landwirt zu Wohnzwecken dient, dessen Betrieb nach Übergabe zum Zweck der Vorwegnahme der Erbfolge später aufgegeben worden ist, und
   a) vor der Übergabe des Betriebs die Errichtung eines Altenteilerhauses nach Nummer 1 zulässig gewesen wäre,
   b) im Übergabevertrag die Errichtung eines Altenteilerhauses vereinbart worden ist,
   c) das Vorhaben in unmittelbarer Nähe der Hofstelle errichtet wird und
   d) rechtlich gesichert ist, daß die Fläche, auf der das Altenteilerhaus errichtet werden soll, nicht ohne das Hofgrundstück veräußert wird,
3. einer Landarbeiterstelle dient,
4. dem Fernmeldewesen, der öffentlichen Versorgung mit Elektrizität, Gas, Wärme und Wasser, der Abwasserwirtschaft oder einem ortsgebundenen gewerblichen Betrieb dient,
5. wegen seiner besonderen Anforderungen an die Umgebung, wegen seiner nachteiligen Wirkung auf die Umgebung oder wegen seiner besonderen Zweckbestimmung nur im Außenbereich ausgeführt werden soll oder
6. der Erforschung, Entwicklung oder Nutzung der Kernenergie zu friedlichen Zwecken oder der Entsorgung radioaktiver Abfälle dient.

(2) Sonstige Vorhaben können im Einzelfall zugelassen werden, wenn ihre Ausführung oder Benutzung öffentliche Belange nicht beeinträchtigt.

(3) Eine Beeinträchtigung öffentlicher Belange liegt insbesondere vor, wenn das Vorhaben

- den Darstellungen des Flächennutzungsplans widerspricht,
- schädliche Umwelteinwirkungen hervorrufen kann oder ihnen ausgesetzt wird,
- unwirtschaftliche Aufwendungen für Straßen und andere Verkehrseinrichtungen, für Anlagen der Versorgung, der Abfallentsorgung und Abwasserbeseitigung, für die Sicherheit oder Gesundheit oder für sonstige Aufgaben erfordert,

- die Wasserwirtschaft gefährdet,
- Belange des Naturschutzes und der Landschaftspflege oder des Denkmalschutzes beeinträchtigt,
- das Orts- und Landschaftsbild verunstaltet,
- die natürliche Eigenart der Landschaft oder ihre Aufgabe als Erholungsgebiet beeinträchtigt oder
- die Entstehung, Verfestigung oder Erweiterung einer Splittersiedlung befürchten läßt.

Auf Maßnahmen zur Verbesserung der Agrarstruktur ist besonders Rücksicht zu nehmen. Raumbedeutsame Vorhaben nach den Absätzen 1 und 2 dürfen den Zielen der Raumordnung und Landesplanung nicht widersprechen; öffentliche Belange stehen raumbedeutsamen Vorhaben nach Absatz 1 nicht entgegen, soweit die Belange bei der Darstellung dieser Vorhaben als Ziele der Raumordnung und Landesplanung in Programmen und Plänen im Sinne des § 5 des Raumordnungsgesetzes abgewogen worden sind.

(4) Den nachfolgend bezeichneten sonstigen Vorhaben im Sinne des Absatzes 2 kann nicht entgegengehalten werden, daß sie Darstellungen des Flächennutzungsplans oder eines Landschaftsplans widersprechen, die natürliche Eigenart der Landschaft beeinträchtigen oder die Entstehung, Verfestigung oder Erweiterung einer Splittersiedlung befürchten lassen:

1. die Änderung der bisherigen Nutzung ohne wesentliche Änderung einer baulichen Anlage im Sinne des Absatzes 1 Nr. 1 bis 3,
2. die Neuerrichtung eines gleichartigen, zulässigerweise errichteten Wohngebäudes an gleicher Stelle, wenn das vorhandene Gebäude durch wirtschaftlich vertretbare Modernisierungsmaßnahmen den allgemeinen Anforderungen an gesunde Wohnverhältnisse nicht angepaßt werden kann, es seit längerer Zeit von dem Eigentümer selbst genutzt wird und Tatsachen die Annahme rechtfertigen, daß das neu errichtete Wohngebäude für den Eigenbedarf des bisherigen Eigentümers oder seiner Familie genutzt wird,
3. die alsbaldige Neuerrichtung eines zulässigerweise errichteten, durch Brand, Naturereignisse oder andere außergewöhnliche Ereignisse zerstörten, gleichartigen Gebäudes an gleicher Stelle,
4. die Änderung oder Nutzungsänderung von erhaltenswerten, das Bild der Kulturlandschaft prägenden Gebäuden, auch wenn sie aufgegeben sind, wenn das Vorhaben einer zweckmäßigen Verwendung der Gebäude und der Erhaltung des Gestaltswerts dient,
5. die Erweiterung von zulässigerweise errichteten Wohngebäuden, wenn die Erweiterung im Verhältnis zum vorhandenen Wohngebäude und unter Berücksichtigung der Wohnbedürfnisse angemessen ist,

6. die bauliche Erweiterung eines zulässigerweise errichteten gewerblichen Betriebs, wenn die Erweiterung im Verhältnis zum vorhandenen Gebäude und Betrieb angemessen ist.

In den Fällen des Satzes 1 Nr. 2 und 3 sind geringfügige Erweiterungen des neuen Gebäudes gegenüber dem beseitigten oder zerstörten Gebäude sowie geringfügige Abweichungen vom bisherigen Standort des Gebäudes zulässig. Bei Anwendung des Satzes 1 Nr. 1 und 5 sind in Wohngebäuden höchstens zwei Wohnungen zulässig; die Einrichtung einer zweiten Wohnung setzt weiter voraus, daß Tatsachen die Annahme rechtfertigen, daß das Wohngebäude vom bisherigen Eigentümer oder seiner Familie selbst genutzt wird.

(5) Die nach den Absätzen 1 bis 4 zulässigen Vorhaben sind in einer flächensparenden und den Außenbereich schonenden Weise auszuführen.

(6) Unbeschadet des Landesrechts soll die für die Erteilung der Genehmigung zuständige Behörde in den Fällen des Absatzes 1 Nr. 2 und des Absatzes 4 bei der Erteilung der Genehmigung in geeigneter Weise sicherstellen, daß die bauliche oder sonstige Anlage nach Durchführung des Vorhabens nur in der vorgesehenen Art genutzt wird. Zur rechtlichen Sicherung nach Absatz 1 Nr. 2 Buchstabe d kann sie auch anordnen, daß die Veräußerung des Grundstücks nur mit ihrer Genehmigung zulässig ist. Diese Anordnung wird mit der Eintragung im Grundbuch wirksam; die Eintragung erfolgt auf Ersuchen der für die Erteilung der Genehmigung zuständigen Behörde.

§ 36 Beteiligung der Gemeinde und der höheren Verwaltungsbehörde

(1) Über die Zulässigkeit von Vorhaben nach den §§ 31, 33 bis 35 wird im bauaufsichtlichen Verfahren von der Baugenehmigungsbehörde im Einvernehmen mit der Gemeinde entschieden. Das Einvernehmen der Gemeinde ist auch erforderlich, wenn in einem anderen Verfahren über die Zulässigkeit nach den in Satz 1 bezeichneten Vorschriften entschieden wird; dies gilt nicht für Vorhaben der in § 29 Satz 3 bezeichneten Art, die der Bergaufsicht unterliegen, sowie für Vorhaben, für die gesetzliche Planfeststellungsverfahren vorgesehen sind. In den Fällen der §§ 33, 34 Abs. 3 und des § 35 Abs. 2 und 4 ist auch die Zustimmung der höheren Verwaltungsbehörde erforderlich.

(2) Das Einvernehmen der Gemeinde und die Zustimmung der höheren Verwaltungsbehörde dürfen nur aus den sich aus den §§ 31, 33, 34 und 35 ergebenden Gründen versagt werden. Das Einvernehmen der Gemeinde und die Zustimmung der höheren Verwaltungsbehörde gelten als erteilt, wenn sie nicht binnen zwei Monaten nach Eingang des Ersuchens der Genehmigungsbehörde verweigert werden. Die höhere Verwaltungsbehörde kann für bestimmte Fälle allgemein festlegen, daß ihre Zustimmung nicht erforderlich ist.

§ 37 Bauliche Maßnahmen des Bundes und der Länder

(1) Macht die besondere öffentliche Zweckbestimmung für bauliche Anlagen des Bundes oder eines Landes erforderlich, von den Vorschriften dieses Gesetzbuchs oder den aufgrund dieses Gesetzbuchs erlassenen Vorschriften abzuweichen oder ist das Einvernehmen mit der Gemeinde nach § 14 oder § 36 nicht erreicht worden, entscheidet die höhere Verwaltungsbehörde.

(2) Handelt es sich dabei um Vorhaben, die der Landesverteidigung, dienstlichen Zwecken des Bundesgrenzschutzes oder dem zivilen Bevölkerungsschutz dienen, ist nur die Zustimmung der höheren Verwaltungsbehörde erforderlich. Vor Erteilung der Zustimmung hat diese die Gemeinde zu hören. Versagt die höhere Verwaltungsbehörde ihre Zustimmung oder widerspricht die Gemeinde dem beabsichtigten Bauvorhaben, entscheidet der zuständige Bundesminister im Einvernehmen mit den beteiligten Bundesministern und im Benehmen mit der zuständigen Obersten Landesbehörde.

(3) Entstehen der Gemeinde infolge der Durchführung von Maßnahmen nach den Absätzen 1 und 2 Aufwendungen für Entschädigungen nach diesem Gesetzbuch, sind sie ihr vom Träger der Maßnahmen zu ersetzen. Muß infolge dieser Maßnahmen ein Bebauungsplan aufgestellt, geändert, ergänzt oder aufgehoben werden, sind ihr auch die dadurch entstandenen Kosten zu ersetzen.

(4) Sollen bauliche Anlagen auf Grundstücken errichtet werden, die nach dem Landbeschaffungsgesetz beschafft werden, sind in dem Verfahren nach § 1 Abs. 2 des Landbeschaffungsgesetzes alle von der Gemeinde oder der höheren Verwaltungsbehörde nach den Absätzen 1 und 2 zulässigen Einwendungen abschließend zu erörtern. Eines Verfahrens nach Absatz 2 bedarf es in diesem Fall nicht.

§ 38 Bauliche Maßnahmen auf Grund von anderen Gesetzen

Die Vorschriften des Bundesfernstraßengesetzes, des Bundesbahngesetzes, des Telegraphenwegegesetzes, des Luftverkehrsgesetzes, des Personenbeförderungsgesetzes und des Abfallgesetzes sowie des Gesetzes über den Bau und den Betrieb von Versuchsanlagen zur Erprobung von Techniken für den spurgeführten Verkehr bleiben von den Vorschriften des Dritten Teils unberührt. Das gleiche gilt bei Planfeststellungsverfahren für überörtliche Planungen auf den Gebieten des Verkehrs-, Wege- und Wasserrechts nach landesrechtlichen Vorschriften, wenn die Gemeinde beteiligt worden ist. § 37 Abs. 3 ist anzuwenden.

§§ 39–247 nicht abgedruckt.

2. Verordnung über die bauliche Nutzung der Grundstücke (Baunutzungsverordnung – BauNVO)

in der Fassung der Bekanntmachung vom 15. September 1977 (BGBl. I S. 1763), geändert durch Änderungsverordnung vom 19. 12. 1986 (BGBl. I S. 2665)

Erster Abschnitt. Art der baulichen Nutzung

§ 1 Allgemeine Vorschriften für Bauflächen und Baugebiete

(1) Im Flächennutzungsplan sind, soweit es erforderlich ist, die für die Bebauung vorgesehenen Flächen (§ 5 Abs. 2 Nr. 1 des Bundesbaugesetzes) nach der allgemeinen Art ihrer baulichen Nutzung (Bauflächen) darzustellen als

1.	Wohnbauflächen	(W)
2.	gemischte Bauflächen	(M)
3.	gewerbliche Bauflächen	(G)
4.	Sonderbauflächen	(S).

(2) Soweit es erforderlich ist, sind die für die Bebauung vorgesehenen Flächen nach der besonderen Art ihrer baulichen Nutzung (Baugebiete) darzustellen als

1.	Kleinsiedlungsgebiete	(WS)
2.	reine Wohngebiete	(WR)
3.	allgemeine Wohngebiete	(WA)
4.	besondere Wohngebiete	(WB)
5.	Dorfgebiete	(MD)
6.	Mischgebiete	(MI)
7.	Kerngebiete	(MK)
8.	Gewerbegebiete	(GE)
9.	Industriegebiete	(GI)
10.	Sondergebiete	(SO).

(3) Im Bebauungsplan sind, soweit es erforderlich ist, die in Absatz 2 bezeichneten Baugebiete festzusetzen. Durch die Festsetzung werden die Vorschriften der §§ 2 bis 14 Bestandteil des Bebauungsplans, soweit nicht aufgrund der Absätze 4 bis 9 etwas anderes bestimmt wird.

(4) Für die in den §§ 4 bis 9 und 11 bezeichneten Baugebiete können im Bebauungsplan für das jeweilige Baugebiet Festsetzungen getroffen werden, die das Baugebiet

1. nach der Art der zulässigen Nutzung,
2. nach der Art der Betriebe und Anlagen und deren besonderen Bedürfnissen und Eigenschaften

gliedern. Die Festsetzungen nach Satz 1 können auch für mehrere Gewerbegebiete einer Gemeinde im Verhältnis zueinander getroffen werden; dies gilt auch für Industriegebiete. Absatz 5 bleibt unberührt.

(5) Im Bebauungsplan kann festgesetzt werden, daß bestimmte Arten von Nutzungen, die nach den §§ 2, 4 bis 9 und 13 allgemein zulässig sind, nicht zulässig sind oder nur ausnahmsweise zugelassen werden können, sofern die allgemeine Zweckbestimmung des Baugebietes gewahrt bleibt.

(6) Im Bebauungsplan kann festgesetzt werden, daß alle oder einzelne Ausnahmen, die in den Baugebieten nach den §§ 2 bis 9 vorgesehen sind,

1. nicht Bestandteil des Bebauungsplans werden oder
2. in dem Baugebiet allgemein zulässig sind, sofern die allgemeine Zweckbestimmung des Baugebiets gewahrt bleibt.

(7) In Bebauungsplänen für Baugebiete nach den §§ 4 bis 9 und 11 kann, wenn besondere städtebauliche Gründe dies rechtfertigen (§ 9 Abs. 3 des Bundesbaugesetzes), festgesetzt werden, daß in bestimmten Geschossen, Ebenen oder sonstigen Teilen baulicher Anlagen

1. nur einzelne oder mehrere der in dem Baugebiet allgemein zulässigen Nutzungen zulässig sind,
2. einzelne oder mehrere der in dem Baugebiet allgemein zulässigen Nutzungen unzulässig sind oder als Ausnahme zugelassen werden können oder
3. alle oder einzelne Ausnahmen, die in den Baugebieten nach den §§ 4 bis 9 vorgesehen sind, nicht zulässig oder, sofern die allgemeine Zweckbestimmung des Baugebiets gewahrt bleibt, allgemein zulässig sind.

(8) Die Festsetzungen nach den Absätzen 4 bis 7 können sich auch auf Teile des Baugebiets beschränken.

(9) Wenn besondere städtebauliche Gründe dies rechtfertigen, kann im Bebauungsplan bei Anwendung der Absätze 5 bis 8 festgesetzt werden, daß nur bestimmte Arten der in den Baugebieten allgemein oder ausnahmsweise zulässigen baulichen oder sonstigen Anlagen zulässig oder nicht zulässig sind oder nur ausnahmsweise zugelassen werden können.

BauNVO 1968:

(2) Soweit es erforderlich ist, sind die für die Bebauung vorgesehenen Flächen nach der besonderen Art ihrer baulichen Nutzung (Baugebiete) darzustellen als

1. Kleinsiedlungsgebiete (WS)
2. reine Wohngebiete (WR)
3. allgemeine Wohngebiete (WA)
4. Dorfgebiete (MD)
5. Mischgebiete (MI)
6. Kerngebiete (MK)
7. Gewerbegebiete (GE)
8. Industriegebiete (GI)
9. Wochenendhausgebiete (SW)
10. Sondergebiete (SO).

(3) Im Bebauungsplan sind, soweit es erforderlich ist, die in Absatz 2 bezeichneten Baugebiete festzusetzen. Durch die Festsetzung werden die Vorschriften der §§ 2 bis 10 und 12 bis 14 Bestandteil des Bebauungsplanes, soweit nicht auf Grund der Absätze 4 und 5 etwas anderes bestimmt wird.

(4) Im Bebauungsplan kann festgesetzt werden, daß Ausnahmen, die in den einzelnen Baugebieten nach den §§ 2 bis 9 vorgesehen sind, ganz oder teilweise nicht Bestandteil des Bebauungsplanes werden.

(5) Im Bebauungsplan kann festgesetzt werden, daß Anlagen, die in den einzelnen Baugebieten nach den §§ 2 bis 9 ausnahmsweise zugelassen werden können, in dem jeweiligen Baugebiet ganz oder teilweise allgemein zulässig sind, sofern die Eigenart des Baugebietes im allgemeinen gewahrt bleibt.

(6–9) *fehlen.*

BauNVO 1962:

(2) Soweit es erforderlich ist, sind die Bauflächen nach der besonderen Art ihrer baulichen Nutzung in Baugebiete (§ 5 Abs. 2 Nr. 1 Bundesbaugesetz) zu gliedern, und zwar:

1. die Wohnbauflächen in
   a) Kleinsiedlungsgebiete (WS)
   b) reine Wohngebiete (WR)
   c) allgemeine Wohngebiete (WA)
2. die gemischten Bauflächen in
   a) Dorfgebiete (MD)
   b) Mischgebiete (MI)
   c) Kerngebiete (MK)
3. die gewerblichen Bauflächen in
   a) Gewerbegebiete (GE)
   b) Industriegebiete (GI)
4. die Sonderbauflächen in
   a) Wochenendhausgebiete (SW)
   b) Sondergebiete (SO).

(3) Im Bebauungsplan sind, soweit es erforderlich ist, die in Absatz 2 bezeichneten Baugebiete festzusetzen. Durch die Festsetzung werden die Vorschriften der §§ 2 bis 10 und 12 bis 14 Bestandteil des Bebauungsplanes, soweit nicht auf Grund der Absätze 4 und 5 etwas anderes bestimmt wird.

(4) Im Bebauungsplan kann festgesetzt werden, daß Ausnahmen, die in den einzelnen Baugebieten nach den §§ 2 bis 9 vorgesehen sind, ganz oder teilweise nicht Bestandteil des Bebauungsplanes werden.

(5) Im Bebauungsplan kann festgesetzt werden, daß Anlagen, die in den einzelnen Baugebieten nach den §§ 2 bis 9 ausnahmsweise zugelassen werden können, in dem jeweiligen Baugebiet ganz oder teilweise allgemein zulässig sind, sofern die Eigenart des Baugebietes im allgemeinen gewahrt bleibt.

(6–9) *fehlen.*

§ 2 Kleinsiedlungsgebiete

(1) Kleinsiedlungsgebiete dienen vorwiegend der Unterbringung von Kleinsiedlungen und landwirtschaftlichen Nebenerwerbsstellen.

(2) Zulässig sind

1. Kleinsiedlungen, landwirtschaftliche Nebenerwerbsstellen und Gartenbaubetriebe,
2. die der Versorgung des Gebietes dienenden Läden, Schank- und Speisewirtschaften sowie nicht störenden Handwerksbetriebe.

(3) Ausnahmsweise können zugelassen werden

1. sonstige Wohngebäude mit nicht mehr als zwei Wohnungen,
2. Anlagen für kirchliche, kulturelle, soziale, gesundheitliche und sportliche Zwecke,
3. Tankstellen,
4. nicht störende Gewerbebetriebe.

§ 3 Reine Wohngebiete

(1) Reine Wohngebiete dienen ausschließlich dem Wohnen.

(2) Zulässig sind Wohngebäude.

(3) Ausnahmsweise können Läden und nicht störende Handwerksbetriebe, die zur Deckung des täglichen Bedarfs für die Bewohner des Gebiets dienen, sowie kleine Betriebe des Beherbergungsgewerbes zugelassen werden.

(4) Im Bebauungsplan kann festgesetzt werden, daß in dem Gebiet oder in bestimmten Teilen des Gebietes Wohngebäude nicht mehr als zwei Wohnungen haben dürfen.

BauNVO 1968 und 1962:

(4) Im Bebauungsplan kann festgesetzt werden, daß in dem Gebiet oder in bestimmten Teilen des Gebietes nur Wohngebäude mit nicht mehr als zwei Wohnungen zulässig sind.

§ 4 Allgemeine Wohngebiete

(1) Allgemeine Wohngebiete dienen vorwiegend dem Wohnen.

(2) Zulässig sind

1. Wohngebäude,
2. die der Versorgung des Gebietes dienenden Läden, Schank- und Speisewirtschaften sowie nicht störenden Handwerksbetriebe,
3. Anlagen für kirchliche, kulturelle, soziale und gesundheitliche Zwecke.

(3) Ausnahmsweise können zugelassen werden

1. Betriebe des Beherbergungsgewerbes,
2. sonstige nicht störende Gewerbebetriebe,
3. Anlagen für Verwaltungen sowie für sportliche Zwecke,
4. Gartenbaubetriebe,
5. Tankstellen,
6. Ställe für Kleintierhaltung als Zubehör zu Kleinsiedlungen und landwirtschaftlichen Nebenerwerbsstellen; die Zulässigkeit von untergeordneten Nebenanlagen und Einrichtungen für die Kleintierhaltung nach § 14 bleibt unberührt.

(4) Im Bebauungsplan kann festgesetzt werden, daß in bestimmten Teilen des Gebiets Wohngebäude nicht mehr als zwei Wohnungen haben dürfen.

BauNVO 1968:

(3) Ausnahmsweise können zugelassen werden

1. Betriebe des Beherbergungsgewerbes,
2. sonstige nicht störende Gewerbebetriebe,
3. Anlagen für Verwaltungen sowie für sportliche Zwecke,
4. Gartenbaubetriebe,
5. Tankstellen,
6. Ställe für Kleintierhaltung als Zubehör zu Kleinsiedlungen und landwirtschaftlichen Nebenerwerbsstellen.

(4) Im Bebauungsplan kann festgesetzt werden, daß in bestimmten Teilen des Gebietes nur Wohngebäude mit nicht mehr als zwei Wohnungen zulässig sind.

(5) Im Bebauungsplan kann festgesetzt werden, daß in dem Gebiet oder in bestimmten Teilen des Gebietes im Erdgeschoß nur die in Absatz 2 Nr. 2 genannten Nutzungsarten zulässig sind.

BauNVO 1962:

(4) Im Bebauungsplan kann festgesetzt werden, daß in bestimmten Teilen des Gebietes nur Wohngebäude mit nicht mehr als zwei Wohnungen zulässig sind.

(5) *fehlt.*

§ 4a Gebiete zur Erhaltung und Entwicklung der Wohnnutzung (besondere Wohngebiete)

(1) Besondere Wohngebiete sind im wesentlichen bebaute Gebiete, die aufgrund ausgeübter Wohnnutzung und vorhandener sonstiger in Absatz 2 genannter Anlagen eine besondere Eigenart aufweisen und in denen unter Berücksichtigung dieser Eigenart die Wohnnutzung erhalten und fortentwickelt werden soll. Besondere Wohngebiete dienen vorwiegend dem Wohnen; sie dienen auch der Unterbringung von Gewerbebetrieben und sonstigen Anlagen im Sinne der Absätze 2 und 3, soweit diese Betriebe und Anlagen nach der besonderen Eigenart des Gebiets mit der Wohnnutzung vereinbar sind.

(2) Zulässig sind

1. Wohngebäude,
2. Läden, Betriebe des Beherbergungsgewerbes, Schank- und Speisewirtschaften,
3. sonstige Gewerbebetriebe,
4. Geschäfts- und Bürogebäude,
5. Anlagen für kirchliche, kulturelle, soziale, sportliche und gesundheitliche Zwecke.

(3) Ausnahmsweise können zugelassen werden

1. Anlagen für zentrale Einrichtungen der Verwaltung,
2. Vergnügungsstätten,
3. Tankstellen.

(4) Für besondere Wohngebiete oder Teile solcher Gebiete kann, wenn besondere städtebauliche Gründe dies rechtfertigen (§ 9 Abs. 3 des Bundesbaugesetzes), festgesetzt werden, daß

1. oberhalb eines im Bebauungsplan bestimmten Geschosses nur Wohnungen zulässig sind oder

2. in Gebäuden ein im Bebauungsplan bestimmter Anteil der zulässigen Geschoßfläche oder eine bestimmte Größe der Geschoßfläche für Wohnungen zu verwenden ist.

§ 5 Dorfgebiete

(1) Dorfgebiete dienen vorwiegend der Unterbringung der Wirtschaftsstellen land- und forstwirtschaftlicher Betriebe und dem dazugehörigen Wohnen; sie dienen auch dem sonstigen Wohnen.

(2) Zulässig sind

1. Wirtschaftsstellen land- und forstwirtschaftlicher Betriebe und die dazugehörigen Wohnungen und Wohngebäude,
2. Kleinsiedlungen und landwirtschaftliche Nebenerwerbsstellen,
3. sonstige Wohngebäude,
4. Betriebe zur Verarbeitung und Sammlung land- und forstwirtschaftlicher Erzeugnisse,
5. Einzelhandelsbetriebe, Schank- und Speisewirtschaften sowie Betriebe des Beherbergungsgewerbes,
6. Handwerksbetriebe, die der Versorgung der Bewohner des Gebietes dienen,
7. sonstige nicht störende Gewerbebetriebe,
8. Anlagen für örtliche Verwaltungen sowie für kirchliche, kulturelle, soziale, gesundheitliche und sportliche Zwecke,
9. Gartenbaubetriebe,
10. Tankstellen.

BauNVO 1968:

(1) Dorfgebiete dienen vorwiegend der Unterbringung der Wirtschaftsstellen land- und forstwirtschaftlicher Betriebe und dem Wohnen.

(2) Zulässig sind

1. Wirtschaftsstellen land- und forstwirtschaftlicher Betriebe,
2. Kleinsiedlungen und landwirtschaftliche Nebenerwerbsstellen,
3. Wohngebäude,
4. Betriebe zur Verarbeitung und Sammlung land- und forstwirtschaftlicher Erzeugnisse,
5. Einzelhandelsbetriebe, Schank- und Speisewirtschaften sowie Betriebe des Beherbergungsgewerbes,
6. Handwerksbetriebe, die der Versorgung der Bewohner des Gebietes dienen,

7. sonstige nicht störende Gewerbebetriebe,
8. Anlagen für örtliche Verwaltungen sowie für kirchliche, kulturelle, soziale, gesundheitliche und sportliche Zwecke,
9. Gartenbaubetriebe,
10. Tankstellen.

(3) Die Dorfgebiete einer Gemeinde oder Teile eines Dorfgebietes können im Bebauungsplan nach der Art der zulässigen Nutzung gegliedert werden.

BauNVO 1962 hatte in Abs. 1 und 2 denselben Wortlaut wie die BauNVO 1968; (3) *fehlt.*

§ 6 Mischgebiete

(1) Mischgebiete dienen dem Wohnen und der Unterbringung von Gewerbebetrieben, die das Wohnen nicht wesentlich stören.

(2) Zulässig sind

1. Wohngebäude,
2. Geschäfts- und Bürogebäude,
3. Einzelhandelsbetriebe, Schank- und Speisewirtschaften sowie Betriebe des Beherbergungsgewerbes,
4. sonstige Gewerbebetriebe,
5. Anlagen für Verwaltungen sowie für kirchliche, kulturelle, soziale, gesundheitliche und sportliche Zwecke,
6. Gartenbaubetriebe,
7. Tankstellen.

(3) Ausnahmsweise können Ställe für Kleintierhaltung als Zubehör zu Kleinsiedlungen und landwirtschaftlichen Nebenerwerbsstellen zugelassen werden; die Zulässigkeit von untergeordneten Nebenanlagen und Einrichtungen für die Kleintierhaltung nach § 14 bleibt unberührt.

BauNVO 1968:

(2) Zulässig sind

4. sonstige nicht wesentlich störende Gewerbebetriebe.

(4) Im Bebauungsplan kann festgesetzt werden, daß in dem Gebiet oder in bestimmten Teilen des Gebietes im Erdgeschoß nur die in Abs. 2 Nr. 3 genannten Nutzungsarten sowie sonstige Läden zulässig sind.

BauNVO 1962 lautete wie die Fassung 1968, es fehlt jedoch (4).

§ 7 Kerngebiete

(1) Kerngebiete dienen vorwiegend der Unterbringung von Handelsbetrieben sowie der zentralen Einrichtungen der Wirtschaft und der Verwaltung.

(2) Zulässig sind

1. Geschäfts-, Büro- und Verwaltungsgebäude,
2. Einzelhandelsbetriebe, Schank- und Speisewirtschaften, Betriebe des Beherbergungsgewerbes und Vergnügungsstätten,
3. sonstige nicht störende Gewerbebetriebe,
4. Anlagen für kirchliche, kulturelle, soziale und gesundheitliche Zwecke,
5. Tankstellen im Zusammenhang mit Parkhäusern und Großgaragen,
6. Wohnungen für Aufsichts- und Bereitschaftspersonen sowie für Betriebsinhaber und Betriebsleiter,
7. sonstige Wohnungen oberhalb eines im Bebauungsplan bestimmten Geschosses.

(3) Ausnahmsweise können zugelassen werden

1. Tankstellen, die nicht unter Absatz 2 Nr. 5 fallen,
2. Wohnungen, die nicht unter Absatz 2 Nr. 6 und 7 fallen.

(4) Für Teile eines Kerngebiets kann, wenn besondere städtebauliche Gründe dies rechtfertigen (§ 9 Abs. 3 des Bundesbaugesetzes), festgesetzt werden, daß

1. oberhalb eines im Bebauungsplan bestimmten Geschosses nur Wohnungen zulässig sind oder
2. in Gebäuden ein im Bebauungsplan bestimmter Anteil der zulässigen Geschoßfläche oder eine bestimmte Größe der Geschoßfläche für Wohnungen zu verwenden ist.

Dies gilt auch, wenn durch solche Festsetzungen dieser Teil des Kerngebiets nicht vorwiegend der Unterbringung von Handelsbetrieben sowie der zentralen Einrichtungen der Wirtschaft und Verwaltung dient.

BauNVO 1968:

(4) Im Bebauungsplan kann festgesetzt werden, daß in dem Gebiet oder in bestimmten Teilen des Gebietes in Geschossen, die an begehbaren Verkehrsflächen liegen, nur die in Absatz 2 Nr. 2 genannten Nutzungsarten sowie sonstige Läden zulässig sind.

(5) Die Kerngebiete einer Gemeinde oder Teile eines Kerngebietes können im Bebauungsplan nach der Art der zulässigen Nutzung gegliedert werden. Absatz 4 bleibt unberührt.

BauNVO 1962:

(2) Zulässig sind

1. Geschäfts-, Büro- und Verwaltungsgebäude,
2. Einzelhandelsbetriebe, Schank- und Speisewirtschaften, Betriebe des Beherbergungsgewerbes und Vergnügungsstätten,
3. sonstige nicht störende Gewerbebetriebe,
4. Anlagen für kirchliche, kulturelle, soziale und gesundheitliche Zwecke,
5. Tankstellen,
6. Wohnungen für Aufsichts- und Bereitschaftspersonen sowie für Betriebsinhaber und Betriebsleiter.

(3) Ausnahmsweise können Wohnungen, die nicht unter Absatz 2 Nr. 6 fallen, zugelassen werden.

(4–5) *fehlen.*

§ 8 Gewerbegebiete

(1) Gewerbegebiete dienen vorwiegend der Unterbringung von nicht erheblich belästigenden Gewerbebetrieben.

(2) Zulässig sind

1. Gewerbebetriebe aller Art, Lagerhäuser, Lagerplätze und öffentliche Betriebe, soweit diese Anlagen für die Umgebung keine erheblichen Nachteile oder Belästigungen zur Folge haben können,
2. Geschäfts-, Büro- und Verwaltungsgebäude,
3. Tankstellen.

(3) Ausnahmsweise können zugelassen werden

1. Wohnungen für Aufsichts- und Bereitschaftspersonen sowie für Betriebsinhaber und Betriebsleiter,
2. Anlagen für kirchliche, kulturelle, soziale, gesundheitliche und sportliche Zwecke.

BauNVO 1968:

(2) Zulässig sind

1. Gewerbebetriebe aller Art mit Ausnahme von Einkaufszentren und Verbrauchermärkten im Sinne des § 11 Abs. 3, Lagerhäuser, Lagerplätze und öffentliche Betriebe, soweit diese Anlagen für die Umgebung keine erheblichen Nachteile oder Belästigungen zur Folge haben können.

(4) Die Gewerbegebiete einer Gemeinde oder Teile eines Gewerbegebietes können im Bebauungsplan nach der Art der Betriebe und Anlagen und deren besonderen Bedürfnissen und Eigenschaften gegliedert werden.

BauNVO 1962:

(2) Zulässig sind

1. Gewerbebetriebe aller Art, Lagerhäuser, Lagerplätze und öffentliche Betriebe, soweit diese Anlagen für die Umgebung keine erheblichen Nachteile oder Belästigungen zur Folge haben können.

(4) Die Gewerbebetriebe einer Gemeinde oder Teile eines Gewerbegebietes können im Bebauungsplan nach der Art der Betriebe und Anlagen gegliedert werden.

§ 9 Industriegebiete

(1) Industriegebiete dienen ausschließlich der Unterbringung von Gewerbebetrieben, und zwar vorwiegend solcher Betriebe, die in anderen Baugebieten unzulässig sind.

(2) Zulässig sind

1. Gewerbebetriebe aller Art, Lagerhäuser, Lagerplätze und öffentliche Betriebe,
2. Tankstellen.

(3) Ausnahmsweise können zugelassen werden

1. Wohnungen für Aufsichts- und Bereitschaftspersonen sowie für Betriebsinhaber und Betriebsleiter,
2. Anlagen für kirchliche, kulturelle, soziale, gesundheitliche und sportliche Zwecke.

BauNVO 1968:

(2) Zulässig sind

1. Gewerbebetriebe aller Art mit Ausnahme von Einkaufszentren und Verbrauchermärkten im Sinne des § 11 Abs. 3, Lagerhäuser und öffentliche Betriebe.

(4) Die Industriegebiete einer Gemeinde oder Teile eines Industriegebietes können im Bebauungsplan nach der Art der Betriebe und Anlagen und deren besonderen Bedürfnissen und Eigenschaften gegliedert werden.

BauNVO 1962:

(2) Zulässig sind

1. Gewerbebetriebe aller Art, Lagerhäuser, Lagerplätze und öffentliche Betriebe.

(4) Die Industriegebiete einer Gemeinde oder Teile eines Industriegebietes können im Bebauungsplan nach der Art der Betriebe und Anlagen gegliedert werden.

§ 10 Sondergebiete, die der Erholung dienen

(1) Als Sondergebiete, die der Erholung dienen, kommen insbesondere in Betracht

Wochenendhausgebiete,
Ferienhausgebiete,
Campingplatzgebiete.

(2) Für Sondergebiete, die der Erholung dienen, sind die Zweckbestimmung und die Art der Nutzung darzustellen und festzusetzen. Im Bebauungsplan kann festgesetzt werden, daß bestimmte, der Eigenart des Gebiets entsprechende Anlagen und Einrichtungen zur Versorgung des Gebiets und für sportliche Zwecke allgemein zulässig sind oder ausnahmsweise zugelassen werden können.

(3) In Wochenendhausgebieten sind Wochenendhäuser als Einzelhäuser zulässig. Im Bebauungsplan kann festgesetzt werden, daß Wochenendhäuser nur als Hausgruppen zulässig sind oder ausnahmsweise als Hausgruppen zugelassen werden können. Die zulässige Grundfläche der Wochenendhäuser ist im Bebauungsplan, begrenzt nach der besonderen Eigenart des Gebiets, unter Berücksichtigung der landschaftlichen Gegebenheiten festzusetzen.

(4) In Ferienhausgebieten sind Ferienhäuser zulässig, die auf Grund ihrer Lage, Größe, Ausstattung, Erschließung und Versorgung für den Erholungsaufenthalt geeignet und dazu bestimmt sind, überwiegend und auf Dauer einem wechselnden Personenkreis zur Erholung zu dienen. Im Bebauungsplan kann die Grundfläche der Ferienhäuser, begrenzt nach der besonderen Eigenart des Gebiets, unter Berücksichtigung der landschaftlichen Gegebenheiten festgesetzt werden.

(5) In Campingplatzgebieten sind Campingplätze und Zeltplätze zulässig.

BauNVO 1962 und 1968:
Wochenendhausgebiete

In Wochenendhausgebieten sind ausschließlich Wochenendhäuser als Einzelhäuser zulässig. Ihre Grundfläche ist im Bebauungsplan, begrenzt nach der besonderen Eigenart des Gebietes unter Berücksichtigung der landschaftlichen Gegebenheiten, festzusetzen.

§ 11 Sonstige Sondergebiete

(1) Als sonstige Sondergebiete sind solche Gebiete darzustellen und festzusetzen, die sich von den Baugebieten nach den §§ 2 bis 10 wesentlich unterscheiden.

(2) Für sonstige Sondergebiete sind die Zweckbestimmung und die Art der Nutzung darzustellen und festzusetzen. Als sonstige Sondergebiete kommen insbesondere in Betracht

Kurgebiete,
Ladengebiete,
Gebiete für Einkaufszentren und großflächige Handelsbetriebe,
Gebiete für Messen, Ausstellungen und Kongresse,
Hochschulgebiete,
Klinikgebiete,
Hafengebiete.

(3)

1. Einkaufszentren,
2. großflächige Einzelhandelsbetriebe, die sich nach Art, Lage oder Umfang auf die Verwirklichung der Ziele der Raumordnung und Landesplanung oder auf die städtebauliche Entwicklung und Ordnung nicht nur unwesentlich auswirken können,
3. sonstige großflächige Handelsbetriebe, die im Hinblick auf den Verkauf an letzte Verbraucher und auf die Auswirkungen den in Nummer 2 bezeichneten Einzelhandelsbetrieben vergleichbar sind,

sind außer in Kerngebieten nur in für sie festgesetzten Sondergebieten zulässig. Auswirkungen im Sinne des Satzes 1 Nr. 2 und 3 sind insbesondere schädliche Umwelteinwirkungen im Sinne des § 3 des Bundes-Immissionsschutzgesetzes vom 15. März 1974 (BGBl. I S. 721, 1193), zuletzt geändert durch Artikel 45 des Gesetzes vom 14. Dezember 1976 (BGBl. I S. 3341) sowie Auswirkungen auf die infrastrukturelle Ausstattung, auf den Verkehr, auf die Versorgung der Bevölkerung im Einzugsbereich der in Satz 1 bezeichneten Betriebe, auf die Entwicklung zentraler Versorgungsbereiche in der Gemeinde oder in anderen Gemeinden, auf das Orts- und Landschaftsbild und auf den Naturhaushalt. Auswirkungen im Sinne des Satzes 2 sind bei Betrieben nach Satz 1 Nr. 2 und 3 in der Regel anzunehmen, wenn die Geschoßfläche 1200 qm überschreitet. Die Regel des Satzes 3 gilt nicht, wenn Anhaltspunkte dafür bestehen, daß Auswirkungen bereits bei weniger als 1200 qm Geschoßfläche vorliegen oder bei mehr als 1200 qm Geschoßfläche nicht vorliegen; dabei sind in bezug auf die in Satz 2 bezeichneten Auswirkungen insbesondere die Gliederung und Größe der Gemeinde und ihrer Ortsteile, die Sicherung der verbrauchernahen Versorgung der Bevölkerung und das Warenangebot des Betriebs zu berücksichtigen.

BauNVO 1977:

(3) Bei Bebauungsplänen, deren Entwurf vor dem 1. 1. 1987 öffentlich ausgelegt worden ist, gilt in Satz 3 „Geschoßfläche 1500 qm" (§ 25 b Abs. 1).

Satz 4 ist entsprechend anzuwenden (§ 25 b Abs. 2).

BauNVO 1968:
Sondergebiete

(1) Als Sondergebiete sind solche Gebiete darzustellen und festzusetzen, die sich von den Baugebieten nach den §§ 2 bis 10 wesentlich unterscheiden.

(2) Für Sondergebiete ist die Art der Nutzung entsprechend ihrer Zweckbestimmung darzustellen und festzusetzen.

(3) Einkaufszentren und Verbrauchermärkte, die außerhalb von Kerngebieten errichtet werden sollen und die nach Lage, Umfang und Zweckbestimmung vorwiegend der übergemeindlichen Versorgung dienen sollen, sind als Sondergebiete darzustellen und festzusetzen.

BauNVO 1962:
Sondergebiete

(1) Als Sondergebiete dürfen nur solche Gebiete dargestellt und festgesetzt werden, die sich nach ihrer besonderen Zweckbestimmung wesentlich von den Baugebieten nach §§ 2 bis 10 unterscheiden, wie Hochschul-, Klinik-, Kur-, Hafen- oder Ladengebiete.

(2) Für Sondergebiete ist die Art der Nutzung entsprechend ihrer besonderen Zweckbestimmung darzustellen und festzusetzen.

(3) *fehlt.*

§§ 12–14 nicht abgedruckt.

§ 15 Allgemeine Voraussetzungen für die Zulässigkeit baulicher und sonstiger Anlagen

(1) Die in den §§ 2 bis 14 aufgeführten baulichen und sonstigen Anlagen sind im Einzelfall unzulässig, wenn sie nach Anzahl, Lage, Umfang oder Zweckbestimmung der Eigenart des Baugebiets widersprechen. Sie sind auch unzulässig, wenn von ihnen Belästigungen oder Störungen ausgehen können, die nach der Eigenart des Baugebiets im Baugebiet selbst oder in dessen Umgebung unzumutbar sind.

(2) Absatz 1 gilt auch für die Änderung, Nutzungsänderung und Erweiterung baulicher und sonstiger Anlagen innerhalb der festgesetzten Baugebiete.

(3) Bei der Anwendung der Absätze 1 und 2 dürfen nur städtebauliche Gesichtspunkte berücksichtigt werden.

BauNVO 1962 und 1968:

(1) Die in §§ 2 bis 14 aufgeführten baulichen und sonstigen Anlagen sind im Einzelfall unzulässig, wenn sie nach Anzahl, Lage, Umfang oder Zweckbestimmung der Eigenart des Baugebietes widersprechen. Sie sind insbesondere unzulässig, wenn von ihnen Belästigungen oder Störungen ausgehen können, die für die Umgebung nach der Eigenart des Gebietes unzumutbar sind.

2. – 5. Abschnitt nicht abgedruckt.

Abkürzungsverzeichnis

a. A.	am Anfang
a. a. O.	am angeführten Ort
Abs.	Absatz
AöR	Archiv des öffentlichen Rechts
Anh.	Anhang
Anm.	Anmerkung
Art.	Artikel
Aufl.	Auflage
AZ	Aktenzeichen
BadWürttLBO	Baden-Württembergische Landesbauordnung
BadWürttVGH	Baden-Württembergischer Verwaltungsgerichtshof
BauGB	Baugesetzbuch
BauNVO	Baunutzungsverordnung
BauR	Baurecht
BayVBl	Bayerische Verwaltungsblätter
BayVGH	Bayerischer Verwaltungsgerichtshof
Bd.	Band
Beschl.	Beschluß
BGB	Bürgerliches Gesetzbuch
BGBl	Bundesgesetzblatt
BGH	Bundesgerichtshof
BGHZ	Entscheidungssammlung des Bundesgerichtshofs in Zivilsachen
BlGBW	Blätter für Grundstücks-, Bau- und Wohnungsrecht
BR-Drucks.	Bundesrats-Drucksache
BRS	Baurechtssammlung
B. v.	Beschluß vom
BVerfG	Bundesverfassungsgericht
BVerfGE	Entscheidungssammlung des Bundesverfassungsgerichts
BVerwG	Bundesverwaltungsgericht
BVerwGE	Entscheidungssammlung des Bundesverwaltungsgerichts

BWGZ	Baden-Württembergische Gemeindezeitung
bzgl.	bezüglich
bzw.	beziehungsweise
ca.	circa
ders.	derselbe
DÖV	Die öffentliche Verwaltung
DVBl	Deutsches Verwaltungsblatt
einschl.	einschließlich
Erl.	Erlaß
f.	folgende
ff.	fortfolgende
Fn.	Fußnote
GBl	Gesetzblatt
gem.	gemäß
GewArch	Gewerbearchiv
GG	Grundgesetz
ggf.	gegebenenfalls
HessVGH	Hessischer Verwaltungsgerichtshof
h. M.	herrschende(n) Meinung
Hrsg.	Herausgeber
hrsg.	herausgegeben
IHK	Industrie- und Handelskammer
insbes.	insbesondere
i. S.	im Sinne
i. S. d.	im Sinne des (der)
i. V.	in Verbindung
Jg.	Jahrgang
LEH	Ladeneinzelhandel
LVwVfG	Landesverwaltungsverfahrensgesetz
m. a. W.	mit anderen Worten
m. E.	meines Erachtens
m. eingeh. Nachw.	mit eingehendem/n Nachweis(en)
Mio.	Million(en)
m. w. Nachw.	mit weiterem/n Nachweis(en)
NJW	Neue Juristische Wochenschrift
Nr.	Nummer
NuR	Natur und Recht

NVwZ	Neue Zeitschrift für Verwaltungsrecht
o. V.	ohne Verfasserangabe
OVG	Oberverwaltungsgericht
qm	Quadratmeter
rd.	rund
Rdnr.	Randnummer
S.	Seite
S.	Satz
s.	siehe
SB	Selbstbedienung
sog.	sogenannt
Tn.	Textnummer
u. a.	unter anderem
u. a.	und andere
UPR	Umwelt und Planungsrecht
Urt.	Urteil
u. U.	unter Umständen
v.	vom(n)
VBlBW	Verwaltungsblätter für Baden-Württemberg
VGH	Verwaltungsgerichtshof
vgl.	vergleiche
VwGO	Verwaltungsgerichtsordnung
VwVfG	Verwaltungsverfahrensgesetz
z. B.	zum Beispiel
ZfBR	Zeitschrift für deutsches und internationales Baurecht
zit.	zitiert
z. T.	zum Teil
z. Zt.	zur Zeit

Sachregister

Die Autoren

Dr. jur. Hans Christian Bremme, Unternehmensgruppe Tengelmann, Hasengartenstraße 25, 6200 Wiesbaden.

Professor Dr. oec. publ. Erwin Dichtl, Lehrstuhl für Allgemeine Betriebswirtschaftslehre und Absatzwirtschaft I, Universität Mannheim, Schloß, 6800 Mannheim.

Karl Gleisberg, Stadtrechtsdirektor, Stadt Mannheim, Bauordnungsamt, Postfach, 6800 Mannheim 1.

Professor Dr. jur. Wolf-Rüdiger Schenke, Lehrstuhl für öffentliches Recht, Universität Mannheim, Schloß, 6800 Mannheim 1.